【中国人格读库】

国家新闻出版广电总局

培育和践行社会主义核心价值观主题出版重点出版物

# 刘铭传传

高占祥 主编

张婵 著

北京时代华文书局

图书在版编目（CIP）数据

刘铭传传 / 张婵著 . -- 北京：北京时代华文书局，2015.8（2022.3 重印）
（中国人格读库 / 高占祥主编）
ISBN 978-7-5699-0527-4

Ⅰ.①刘… Ⅱ.①张… Ⅲ.①刘铭传（1836～1896）一传记 Ⅳ.① K827=52

中国版本图书馆 CIP 数据核字（2015）第 214496 号

# 刘 铭 传 传
Liu Mingchuan Zhuan

主　　编｜高占祥
著　　者｜张　婵

出 版 人｜陈　涛
责任编辑｜邢　楠
装帧设计｜程　慧　段文辉
责任印制｜訾　敬

出版发行｜北京时代华文书局 http://www.bjsdsj.com.cn
　　　　　北京市东城区安定门外大街 138 号皇城国际大厦 A 座 8 楼
　　　　　邮编：100011　电话：010-64267955　64267677
印　　刷｜三河市嵩川印刷有限公司　0316-3650395
　　　　　（如发现印装质量问题，请与印刷厂联系调换）
开　　本｜787mm×1092mm　1/16　　印　张｜10.25　　字　数｜97 千字
版　　次｜2016 年 1 月第 1 版　　　印　次｜2022 年 3 月第 3 次印刷
书　　号｜ISBN 978-7-5699-0527-4
定　　价｜38.00 元

# 社会主义核心价值观与中国人格

周殿富

社会主义制度在中国已经建立了六十余年，而我们党则在本世纪初叶提出了培育弘扬社会主义核心价值观的重大课题，显然是其来有自。

社会主义的道德风尚在新中国蔚然兴起，曾经那样地风靡于二十世纪中叶。邓小平同志曾经在改革开放中讲过，当年"这种风气不仅是中国历史上从来没有过的，而且受到了世界人民的赞誉"。然而可惜的是，这个在社会主义制度建立与实践中，同步兴起的社会主义道德风尚的成长道路，却是一波四折。半个多世纪以来，它先是与共和国一道遭受了十年"文革"的浩劫；接着便是全党工作重心转移到改革开放进程中，欧风美雨"里出外进"的浸洗濡染；再接着是西方"和平演变"在东欧得手的强烈震荡与冲击；最后又是市场经济中那两只"看不见的手"在搅动着、嬗变着人们的价值取向。至少在国民中出现了价值观上的多层次化，传统美德的弱化，社会道德文明水准的退化，光荣革命传统的淡化，这也许正是中央在本世纪初提出社会主义核心价值观的原因吧。

不管怎么"变"，怎么"化"，当我们回首来时路，却不能不说，中华民族真的很强大，很值得骄傲。人类经历了几千年的文明进程，堪称世界文化之源的"五大文明古国"，其他四大古国文明都已被历史淘汰灭亡，只有中国成了唯一的延续存在。近现代即使那般的积贫积弱，被西方列强豆剖瓜分、弱肉强食，想亡我中华都不可能，就连最强大的美帝国主义，最凶残的日本军国主义都成为我们的手下败将，而且打出了一个新中国，且跨过整整一个历史阶段，直接进入了社会主义。西方敌对势力几十年不遗余力地对新中国百般围剿，"冷战""热战""和平演变"手段用尽，连如此强大的前苏联乃至整个苏东阵营都被瓦解了，而社会主义的旗帜仍旧在960万平方公里的土地上高高飘扬，而且昂首挺胸地屹立在世界的东方，中国真的是太强大了。几十年来的瞩目成就，竟然令西方发出了"中国威胁论"。你管他别有用心也好，言过其实也好，总比让别人说我们是"瓷器"，是"东亚病夫"好吧？1840~1949年的一百零九年间，中国尽受别人的欺负、"威胁"了，我们也能让那些昔日列强有点"威胁感"，又有什么不好？更何况这是他们自己说的啊！我们并没吹嘘，也没有去做。几千年来我们侵略过谁呢？"反战""非攻""兼相爱，交相利"，中国古有墨子，近有周恩来、邓小平同志。这也是中华民族固有传统美德的延续吧！

生于忧患，死于安乐，这也当是中华民族的一个传统美德吧？几十年来尽管中国如此繁荣兴旺，但从邓小平生前一直到党的"十八大"以来，无论哪一届中央领导集体，从来都没有忘记过国之忧患。忧在何处，患在何处呢？

二十世纪八十年代末，邓小平同志曾经在半年的时间内四次提到：中国改革开放十年最大的失误在教育，在"对青年的政治思想教育抓得不够""对人民的教育不够"，足见他的痛心疾首。他晚年时又提到了"国格"与"人格"的问题，讲道："谈到人格，但不要忘记还有一个国格。特别是像我们这样第三世界的发展中国家，没有民族自尊心，不珍惜自己民族的独立，国家是立不起来的。"

（精装版《邓小平文选》第3卷331页。）

人们很少注意到邓小平的这一段话，但邓小平恰恰是在这里把"国格""人格"提升到了事关"立国"的高度。

那么，什么是我们社会主义的"国格"呢？邓小平讲得很明白："民族自尊心""民族的独立"。

新中国一路走来，我们最大的尊严便是完全靠"自力"，靠"艰苦奋斗"，而达"更生"之境。对西方敌对势力的"冷战""热战""和平演变"，我们何曾有过屈服？也正是在这一前提下，我们才有真正的"民族独立"。这就是我们的国格。那么什么是我们中国人的人格呢？邓小平同志在这里没有讲，但他在1978年4月22日召开的全国教育工作会议上的讲话中，在讲到我们的教育培养目标时，至少提到与社会主义人格相关的各个方面：革命的理想，共产主义的品德，勤奋学习，严守纪律，艰苦奋斗，努力上进，爱祖国，爱人民，爱劳动，爱科学，爱护公共财产，助人为乐，英勇对敌，集体主义精神，专心致志地为人民工作，等等。这里的哪一条不属于社会主义人格的范畴呢？

2006年党的十六届三中全会，第一次提出了"建设社会主义核心价值体系"的历史性命题和战略任务。2007

年，胡锦涛同志在"6·25"讲话中又具体提出这个"体系"包括四个方面的内容：①马克思主义的指导思想；②中国特色社会主义共同理想；③以爱国主义为核心的民族精神和以改革创新为核心的时代精神；④社会主义荣辱观。这四个方面，一是信仰，二是理想，三是精神，四是道德文明，哪一个不在社会主义人格的范畴之内呢？党的十七届六中全会又提到了社会主义核心价值体系是"兴国之魂"。

2012年11月，在党的"十八大"上又用"三个倡导"把社会主义核心价值观概括为十二项：①倡导富强、民主、文明、和谐；②倡导自由、平等、公正、法制；③倡导爱国、敬业、诚信、友善。而且中办文件又把这"三个倡导"分为三个层面：第一个"倡导"的四项，是国家层面的价值目标；第二个"倡导"的四项，是社会层面的价值取向；第三个"倡导"的四项，是公民个人层面的价值准则。实际上前两个"倡导"的八项都是属于"国格"范畴，而第三个"倡导"是属于"人格"范畴。

那么，我们怎样才能在前面讲到的那些历史嬗变中培育建构起这个"核心价值观"呢？中共中央政治局的第十三次集体学习，似乎很明确地回答了这个问题。

新华社北京2014年2月25日电讯称：中央政治局在2月24日，以弘扬社会主义核心价值观，弘扬中华传统美德为内容，进行了集体学习，习近平总书记在主持学习时强调：

培育和弘扬社会主义核心价值观必须立足中华优秀传统文化。牢固的核心价值观，都有其固有的根本。抛弃传统、丢掉根本，就等于割断了自己的精神命脉。博大精深的中国优秀传统文化是我们在世界文化激荡中落稳脚跟的根基。中华文化源远流长，积淀着中华民族最深层的精神追求，代表着中华民族独特的精神标识，为中华民族生生不息、发展壮大提供了丰厚滋养。中华传统美德是中华文化精髓，蕴含着丰富的思想道德资源。不忘本来才能开辟未来，善于继承才能更好创新。对历史文化特别是先人传承下来的价值理念和道德规范，要坚持古为今用、推陈出新，有鉴别地加以对待，有扬弃地予以继承，努力用中华民族创造的一切精神财富来以文化人，以文育人。

习近平总书记的这段论述相当精辟，对于如何培育建构社会主义核心价值观问题从四个方面剀切明白。

第一，他明确指出要在中华优秀传统文化的基础上，来构造我们的社会主义核心价值观，而不能割断历史。这一条十分重要，否则我们便会失去我们的本来面目，便会成为无源之水，也就无法走向未来。

第二，指出了中华传统美德是中华文化精髓，蕴含着丰富的思想道德资源。这就为我们揭示了社会主义核心价值观，要以弘扬优秀的中华传统美德为基础。

第三，他指出，对传统文化在扬弃中继承，在继承中创新。这就是说，社会主义核心价值观的内涵，既要有优良传统的文化精神，也要有时代精神，是二者的有机结合。

第四，他指出要用中华民族创造的一切精神财富，来化人育人。这就是说，弘扬中华民族文化，并不只是传承儒学那些道统，而是要弘扬全民族共创的优秀传统文化。同时也就是说，培育、弘扬社会主义核心价值观的根本目的是化民、育人。

尤其值得瞩目的是，习近平总书记在这次讲话中提到了一个"中华民族独特的精神标识"问题，而在同年的全国组织部长会议上又提出我们再也不能以GDP论英雄的思想。让人欣慰的是，思想道德文化建设终于被提升到一个民族的标识地位，这至少表明中国人的思想观念，并不落伍于世界潮流。

并不受人欢迎的亨廷顿生前给他的祖国提出的警示忠告，竟是如何弘扬他们没有多少历史和文化的"传统文化"："盎格鲁新教精神——美国梦"，以此为国家的"文化核心"问题。他讲道："在一个世界各国人民都以文化来界定自己的时代，一个没有文化核心而仅仅以政治信条来界定自己的社会，哪有立足之地？"所以，他提醒他无限忠于的祖国，一定要巩固发扬他们自入居北美以来，在新教精神基础上形成的"美国梦"理念的"文化核心"地位，这样才能消解这个国家的民族与文化双重多元化的危机。为此，他甚至预言美国弄不好会在本世纪中叶发生分裂。而且他公开预言不列颠大英帝国也会因民族与文化多元化的问题，导致在本世纪上半期发生分裂。

西方的一些专家学者们也十分强调国家民族文化的地位问题，柏克说："全世界的人根据文化上的界限来区分自己。"丹尼尔同样说："保守地说，真理的中心在于，对一个社会的成功起决定作用的是文化，而不是政治。开明地说，真理的中心在于，政治可以改变文化，使文化免于沉沦。"这些语言也可能有它们的局限性与某种非唯物性，但至少可以让我们看到那些发达的资本主义国家在想什么，至少与马克思主义经典作家们，关于意识形态并不总是消极被动地接受它的经济基础的论断并不相悖。

中国显然具有世界上最悠久的民族文化，同时显然也拥有世界上最强大的政治优势。新中国包括它直接进入社会主义的经济形态，以及其后的一次次经济变革，哪一次不是靠政治力量在强力推动呢？它当然同样拥有让我们几千年的民族文化"免于沉沦"的能力。有学人认为我们的民族文化早就被以往一次次的历史性灾难割裂了，这个看法显然都是毫无道理的。但我们当下却确实面临着"两个传统"失传失统的危险。中国的传统文化与优秀的民族美德，在当代国民中还有多少传承？老一代中国共产党人用生命与鲜血铸就的光荣革命传统，在党内还有多少"光大"？我们现在全民族的"核心文化"到底在何处？"社会主义核心价值观"的提出不仅符合世界潮流，也是使我们优秀的民族文化得以传承而不发生历史断裂的根本保证。富和强永远都不是一个民族的标志，哪个国家不可以富，不可以强？但能代表中国"这一个"本来面目，具有自己民族特色的，唯有中华民族的文化，能代表中国人形象的只有中国独具的道德人格。什么是人格？人格就是原始戏剧中不同角色的本来面目。

综上所述，我们是不是可以这样认为，社会主义核心价值观应内含如下的成分：中华民族传统文化中的优秀传统美德；中国人民近现代反帝反侵略反封建的爱国主义、斗争精神与中国共产党领导下形成的几十年光荣革命传统；中国化了的马克思主义有中国特色社会主义的共同理想；与"中国梦"远大目标相适应的时代精神。由这些内涵构成的社会主义核心价值观，用它来干什么呢？用习近平总书记的话来说就是"化人""育人"，把它再具体化一下，无非是打造能体现中华民族特色，代表中国形象的国格、人格。在思想道德层面上，一个国家的民族精神也只有在人的身上才能体现，所以我们依据社会主义核心价值观的基本要求，针对当代青少年的实际情况，策划了《中国人格读库》这样一套大型系列选题。

本套书承蒙全国少工委、中华文化促进会、团中央中国青年网三家共同主办推广，并积极提供书稿。难得高占祥老前辈热情出任该套书的编委主任，且高占祥同志不辞屈就加盟主创作者队伍。一些大学、中学教师与青年作者也积极加盟此套书的编写。该选题被国家新闻广电出版总局列为2014年全国社会主义核心价值观重点选题，在此一并鸣谢。

希望本套书的出版能为社会主义核心价值观的培育与弘扬，为促进青少年的道德人格养成起到积极的作用。欢迎广大读者与作家对不足之处批评教正，多提宝贵建议与指导意见。

谨以此代出版前言并序。

二〇一四年十月

于北京时代华文书局

# 引言

溯其功业，足与台湾不朽矣。

——连横《台湾通史》

刘铭传才气无双，不居人下，故易退难进。守台治台，自有建树。

——赵尔巽《清史稿》

仗英雄三尺剑，横扫中原。却东国旗，麾西土旌，竖南天柱，任北国锁，闻声破胆不言勋。但万里留题，处处轻纱笼胜迹。

披居士六朝衣，来寻旧雨。吟梁父词，赌谢傅棋，顾周郎曲，策韩王謇，拜爵抽身才及壮。劳九重垂念，年年优诏问元戎。

以上所录，是清人薛时雨撰赠刘铭传的一副对联。据说当年刘铭传对这副对联十分满意，悬之厅壁，宝爱无比。就事论事，此联对刘铭传的一生功绩与事业未免谀颂过分。如上联所说，刘铭传一生戎马战功，遍及东南西北各处边疆，事实何曾如此？而如下联所言，刘铭传虽战功赫赫，但若要与诸葛亮、周瑜、谢安、韩世忠等人相比肩，恐怕还有待考量。不过，若是将他在整个清代历史上贡献如何的问题撇开不论，而专就他在台湾历史上的影响而言，刘铭传这个人，仍是值得称道的。

刘铭传（1836—1896），字省三，号大潜山人，是清朝著名的淮军将领。清朝末年，国家缺乏有远见、有魄力的政治家和军事家，而刘铭传正是这种少有的人才。他曾抗击法国侵略者进犯台湾，并出任台湾第一任巡抚，为台湾近代化做出了不可磨灭的贡献。他在台七年的功绩足以流传百世，传于后人。

刘铭传自幼托身陇亩，生活窘困。他为人刚毅任侠，耿介勇敢，练就一身武艺。早年居乡办团练，后率部参加淮军，积极追随曾国藩、李鸿章镇压太平天国运动和捻军起义，可以说是用义军的鲜血染红顶戴的清末宿将。但在国家民族的危亡时刻，他主张抵抗外国侵略，维护国家主权和领土完整，特别在捍卫和建设台湾的斗争中作出了重要的贡献。

鸦片战争以来，大清帝国祸乱四起，国运日衰。西方列强环伺四周，天朝大国，已经到了被瓜分的边缘。风雨飘摇的晚清政府，在国门被西方列强轰开后屡战屡败，而此时极具战略地位的台湾成了列强垂涎已久的一块肥肉，法国人首先发难，从东南沿海发起进攻，清政府惨败，战局岌岌可危。

刘铭传半身像

1884年7月，正值中法战争激烈之际，屡建战功却已隐退多年的一代名将刘铭传临危受命，被清廷委以福建巡抚，受命渡台督办台湾军务。他上任伊始便使出韬晦之计迷惑敌人，暗地里调集精兵强将暗度陈仓，摆脱了法国人的包围顺利抵达台湾。

台湾位于祖国东海和南海之间，系中国的南洋门户，七省藩篱，东南锁钥，地腴物博，资源丰富。但当时的台湾军政不整，饷械亦绌，虽然台湾兵备道刘璈采取措施加强防卫，但将力量集中于南部，致使台湾北部空虚，而法国侵略者恰恰选择北部作为进攻的目标。

一时情况危急。刘铭传身负重任，不畏艰险。抵台后，他安抚民心，重整兵力，身先士卒，知人善任，赏罚分明。在台湾军民的同心协力下，与法国元帅孤拔斗智斗勇，频施妙计，最终拖垮了不可一世的法军。与此同时，广西老将冯子材在镇南关打败法军，与刘铭传遥相呼应。中法战争的大捷是清政府同西方列强历次作战中所取得的唯一胜利。

成功击退外国侵略者后，刘铭传任首任巡抚，共计主台六年五个月，而他的改革则涉及军事、行政、经济、文化各个领域。巡抚台湾期间，他积极筹划台湾善后事宜，审时度势，确定以筹设防务、讲求军政、清理赋税和招抚"生番"为施政四大要务，并锐意筹划，分别付诸实施。他大胆施行改革，并进一步认识到国家如若想要富强就必须大力提倡近代工业技术，因此他开拓思想，主动学习西方，建设铁路，创办新式邮政，设立新式学堂，这些措施都大大促进了台湾的发展。

然而，由于清政府的腐败，刘铭传的各项改革建设受到多方掣肘，阻力重重，终被革职。1895年中日甲午战争结束，清廷将祖国宝岛台湾拱手割让给了日本，在家闲居的刘铭传得此消息，悲愤至极，身心交病，卧床不起，于1896年病逝，终年60岁。清政府谥曰"壮肃"，加太子太保衔，归葬肥西金桥。后梁启超游台湾，追怀刘铭传，曾喟叹曰："君不见将军呕心六载功不就，翻以资敌成永宁！天地生才亦匪易，怅望古今徒泠㵘！"

刘铭传是晚清不可多得的人才。为沙场宿将，他孤军悬于海外，保境安民，抵御外侮；为督抚疆吏，他创功业于微末，倡淮旅，练洋操，议铁路，建台省，政绩斐然。有人认为，对台湾的开拓和经营，郑成功后，刘铭传一人而已。台湾史学家连横在为刘铭传立传时也说过："台湾三百年间，吏才不少，而能立长治之策者，厥维两人：曰陈参军永华、曰刘巡抚铭传，是皆大有勋劳于国家者。……然溯其功业，足与台湾不朽矣。"

# 目录

# 第一章　英雄起于草莽间

## 世界风云　天下大势

当康熙皇帝平定三藩之乱后，中国封建社会迎来了她最后的盛世——"康乾盛世"。在这长达115年的盛世里，清王朝社会稳定，疆域辽阔，经济快速发展，人口增长迅速。一个最显著的例子便是中国人口在乾隆时期达到了3亿，占据全世界人口总量的1/3；且中国一国的GDP已接近全欧洲的水平。煌煌华夏似乎迎来了她的巅峰时刻，也许正因如此，所以当英国派遣马噶尔尼来华之时，乾隆帝才能说出"天朝物产丰盈，无所不有，原不借外夷货物，以通有无"之语。

然而，世界风云变幻，盛衰岂无凭，又怎容得一丝一毫的懈怠与自满？就在清朝君臣终日沉浸在"天朝上国"的美梦中时，英法等国经济政治改革的号角已然吹响，也为这个末日王朝的倾颓埋下伏笔。

大清王朝的危机首先来自大洋彼岸。从14~15世纪开始，人类社会迎来了一个波澜壮阔的时代——大航海时代。哥伦布、达·伽马、麦哲伦等著名航海家在葡萄牙、西班牙等王室的资助下，率领船队穿越大洋，开辟新航路，发现新大陆，开启了世界地理大发现的新篇章，他们的发现为欧洲人带回了对这个广袤的世界更为广阔和宏观的认识。伴随着新航路的开辟，东西方之间的文化、贸易交流大量增加，殖民主义与自由贸易主义的思想开始萌芽、发展。到了18世纪60年代，工业革命首先在欧洲的英国拉开序幕，并迅速蔓延到其他欧美国家，从凯伊·约翰发明飞梭到珍妮纺纱机的诞生，从英国人瓦特改良蒸汽机到蒸汽轮船和蒸汽机车的发明，一系列技术革命从根本上改变了欧洲的生产方式，从而引发了从手工劳动向动力机器生产转变的重大飞跃，其社会形态也逐渐实现了从农业社会到现代工业社会的重要变革。为满足工业生产的需要，以英国为首的主要资本主义国家开始在全球范围内抢占商品市场和原料产地，倾销商品，并将广大的亚非拉地区纳入资本主义体系中。而中国——这一遥远神秘的东方国度——地大物博，资源丰富，早已成为西方列强所垂涎的一块肥肉。

与西方如火如荼的社会改革所不同，古老的清王朝却是一派君暗臣蔽的景象。康乾盛世的辉煌早已成为这巨大皇城下的一缕青烟，清王朝从第六代道光皇帝旻宁以下便缺乏健康刚毅、奋发图强的君主；传统的自给自足的小农经济仍旧占据社会经济的主导地位，土地兼并日趋严重，吏治严重败坏，科举八股禁锢了人们的思想，而早已不合时宜的闭关锁国的国策使得国家上下思想僵化，终日浑浑噩噩，对世界大势无知无觉。虽有林则徐、魏源等有识之士主张"开眼看世界"，"师夷长技以制夷"，但终究为时已晚。此时的天朝上国颓势尽显，早已步步落后于世界大势。

就在这种内忧外患的状况下，1840年鸦片战争爆发。西方资本主义国家携工业革命的雄风，凭借蒸蒸日上的国力，使大清王朝的国门在坚船利炮的摧残下夷为齑粉。战火兵燹贻害百姓，霎时九州同悲，虽有不屈战士浴血奋战，奈何败局已定。战争最终以腐败无能的清王朝割地赔款，开放五口通商，签订丧权辱国的《南京条约》而告终。自此，中国开始逐渐沦为半殖民地半封建社会。

当最后一丝红日的余韵逐渐抽离紫禁城的琉璃瓦，嘎吱阖起的宫门仿佛是这古老王朝的一声喟叹。乱世之征已显，正需英雄奋起，解民生于水火。而本书的主人公刘铭传就是在这样的乱世中出生、成长、奋起，并迎来他璀璨的一生。

## 出身布衣　少有大志

清代的庐州府（今合肥市）是皖中巨邑。它东连吴越，西控汝光，南通楚豫，北接开归，为江淮两大流域相连的最近点。因此，古之庐州素有"江南之首，中原之喉""淮右襟喉、江南唇齿"之称。这里风光秀丽，民风淳朴，是"代产英雄，龙跳虎卧"的好地方。

由庐州府往西偏南行九十里，可见数峰相连、逶迤不断，林深壑美，云烟缭绕，一派多姿多彩的山水风光。此处有一座最高的山峰，人称大潜山，其上树木茂密，其下资源丰富，是江淮分水岭的重要组成部分。

这一片山明水秀之地，正是刘铭传的故乡。1885年（光绪十一年）秋，刘铭传为他的故乡续修的《庐州府志》作序："合肥迤西有大潜山焉，其上有名泉，冬春不竭。莲花矗峙于其前，龙穴蕴奇于其外。山中之人，秉山之气，类多嵚崎磊落，挺出而特立。地灵如此，人杰可知……"刘铭传一生割舍不了对这片山水的偏爱。无怪乎他在晚年还自号曰"大潜山人"。

1836年9月7日（道光十六年七月二十七日）凌晨，刘铭传出生于大潜山下蟠龙墩中一个世代务农的家庭。蟠龙墩又叫四房郢，起先刘氏宗族的祖籍并不在安徽，而在江西省进贤县紫溪村。就在1360年的时候，朱元璋参加了郭子兴的红巾军一路势如破竹攻下南京之后，其锋镝直指江西，与大汉王陈友谅展开争夺天下的战斗。烽烟四起，许多百姓的家园被毁，被迫背井离乡，重新寻找生存的乐土。而此时刘氏先祖刘赛也加入了这浩浩荡荡的逃难大军，久经跋涉，最终他带领全家人来到了今天的安徽省肥西县大潜山麓落脚，成为刘氏宗族举家迁往肥西的始祖。于是，刘氏宗族便在这片乱世中的桃花源中定居下来，繁衍生息，又逐渐分为老长房和老二房两家。刘铭传是老二房的后代，是刘氏宗族的第十四世。

老长房和老二房虽是同一个祖先，但门庭境遇却有极大不同。老长房后代多为读书人，家中也有财产和田地，中举登科的人不在少数，可谓是书香之家，门第清贵。相比之下，老二房的后代则显得有些落魄寒酸，他们绝大多数世代务农，虽有些人家中有些钱财，但从第五世祖刘挺玺到刘铭传这一代没有出过一个秀才和举人。从刘铭传的曾祖父刘琦开始到刘铭传一代，依靠祖上遗留下的一点薄地和租耕他人田地维持生计，日子过得清贫而艰难。

刘铭传的父亲刘惠，字怀刚，出生于1790年（乾隆五十五年）。他娶了家中同样贫困的周氏为妻，不过夫妇二人忠厚老实，勤俭持家，日子好歹过得下去。刘惠夫妇结缡以来生下了六个儿子：铭翠、铭玉、铭盘、铭鼎、铭彝、铭传。铭传最小，是家中老六，大家便唤他"小六子"，史载其"眸子烁烁如岩下电，语音喤大"，颇有威严。

不料在小六子的幼年时期，一场天花竟袭向这个孩子。天花在古代是一种很严重的疾病，很多孩子在儿时不慎得了天花而不治夭亡。据说清朝的顺治和同治皇帝都是出天花而死，而圣祖康熙帝的继位其中很重要的一个原因便是小时候出过天花且治愈，以至于康熙曾有圣谕即是未出天花者不能继承皇位。

所以，当小六子得了天花之后，终日奄奄一息，家人心急如焚之际也开始担心这个孩子怕是救不活了。但小六子硬是挺了过来，不过在他原本光洁的脸上却留下了"陷斑"和"疏麻"，所以人们又称呼他"六麻子"。刘铭传对这一点并不避讳，甚至在日后显贵了，也曾在自己所作的梅花图上题诗自嘲："圈圈点点又叉叉，顷刻开成一树花。若问此花何人画，大潜山下刘六麻"。

小六麻子一天天长大，可性子并不肖似其父的憨厚老实，反而有些凶狠泼辣，天天在村中与其他孩子逞勇斗狠，打架颇为厉害，因此常常被其他家的父母找上门来告状，惹得刘惠夫妇生气。为了好好管教这个孩子，刘惠决定送刘铭传去上私塾，希望他能读书养性，将来考取功名。

刘铭传被送到大潜山北面清规寺中的私塾读书，而为他传道授业的老师则是他的堂侄刘盛藻。刘盛藻，字子务，他虽是刘铭传的堂侄，但岁数比他大了不少。刘盛藻曾多次参加科举考试，奈何次次名落孙山，只有一个秀才的名分。不过这个秀才的名分在小小的大潜山麓也算颇有名气了，为了养家糊口，他就在这清规寺办了个私塾，招收农家的孩子来读书，挣点束脩维持生计。

刚刚开始读书的刘铭传依旧不改本色，调皮玩闹，打架斗殴，很让人烦恼。不过，他的老师刘盛藻颇具慧眼。其时，远在广西金田的那场农民起义正在轰轰烈烈地爆发，其浪潮迅速蔓延，被后人们称为太平天国。他曾对刘惠夫妇感叹道："我看这小六子，升平之世就是块废物，但乱世倒可能成为英雄。罢了罢了，随他去吧。"

不过，随着读书日久，刘铭传似乎真的发生了变化。据说刘铭传少时读书务求博览，"通医药、壬奇、占候①、堪舆、五行家言"，尤其喜爱兵法，善于谋断形势。不过，他虽喜兵法，却并非只知穷兵黩武、一味斗狠，而坚定地认为所谓兵家之治不过是"奇零之数"，经世治国方为正道。

刘铭传一生未曾考取功名，而断断续续的私塾学习到底为他带来些什么，我们如今也不得而知。但从他流传后世的《大潜山房诗钞》《刘壮肃公奏议》等文章诗句中可清晰发现，刘铭传并非单纯的一介武夫，其所作诗文慷慨磊落，颇有文采气概，也许其因常年带兵，故行文更非是一般的普通文臣所能写出的一派风光眼界。曾国藩在为其《大潜山房诗钞》作序时曾赞其行文如"骠姚劲悍，类其用兵"。陈澹然在《刘壮肃公奏议叙》中说："其在官奏牍，下笔辄数千言，沛乎若不可御，其大要犹在成败得失，靡不毕达其真诚，绝无一言相诳饰。其所自属草，犹觉英风浩气，磅礴楮墨之间。"而光绪皇帝的老师、状元出身的大学士翁同龢也同样以"武臣中之名士也"来

---

① 占候：根据天气变化预测自然界的灾异，并附会人事，预言吉凶。

称赞刘铭传。

或许读书为少年时代的刘铭传开启了通往另一个世界的大门。小小的少年开始期待外面的世界，并立下志向。他曾登上大潜山之巅，远眺山水连绵，他稚嫩的灵魂仿佛在这大自然的巍峨形态中得到升华，心胸也为之开阔，他仰天长叹："大丈夫当生有爵，死有谥。"

而此时的他并不知道，年少时的一句感叹竟成为他一生的最好写照。

## 捍卫乡里　团练乡兵

大潜山巍峨连绵，仿佛人间仙境，刘铭传常常攀至顶峰，看它云山雾绕，松涛如怒，钟灵毓秀，旷代阒寥。如果说大潜山是刘铭传心灵的乐土，可供他徘徊消遣，抒发胸臆；那么，那低矮破旧的茅草屋则是他不得不面对的现实，天高海阔的踌躇之志在现实面前总归要收拢高飞的羽翼。

1847年，刘铭传十一岁这年，父亲刘惠去世了。其父病故后，老大铭翠和老三铭盘也先后离开人世。这接连不断的悲剧使这原本风雨飘摇的小家愈发雪上加霜。刘铭传的其他三位兄长先后成家，纷纷开始了各自小家的生活，家中唯有年迈的母亲与幼子铭传相依为命，虽有母亲周氏力促耕织，但奈何日子还是一天天清苦下来。

丈夫去世，周氏仍旧坚持让刘铭传继续在私塾读书，她期待着儿子有一天可以金榜题名，光宗耀祖。而父亲的早逝，家境濒于破产，似乎也使这个整日跳脱不羁的少年一夜间成长起来，越发变得有主见。但与母亲所期待的不同，他去私塾读书的时间开始断断续续，而且对于考取功名一事并不热衷。据说有朋友劝他去参加应试，他却一口回绝，答道："科举不是我成名的所在。"

1853年（咸丰三年）3月19日，太平军攻克南京并定都，改名天京。5月开始北伐，出兵安徽和河南。1854年（咸丰四年）1月，太平军攻克庐州。仿若为应和那句"祸不单行"，这一年安徽地界又逢大旱、饥荒，史载"赤地千里，室庐被焚，荡然一空"。

生活无着，刘铭传便离开私塾，私下开始随盐贩子学做生意。贩卖私盐是一个很来钱的生意，但风险极大。在他的家乡四房郢与六安的交界处，一河之隔有一处村庄，村庄中仅有十八户人家，所以就被称为"十八家花户"。它地处庐州境内，但在行政上一度却属六安管辖，而实际上这里成了一个"两不管"地带，治安较为混乱。于是，在四房郢和周围相邻的几个村庄中，就有一伙人秘密集结起来，干起了贩卖私盐的买卖。那些年，庐州西乡及六安一带的百姓吃的都是私盐，而庐州府一带的人们吃的却是官盐。官盐与私盐价格相差很大，贩卖私盐所赚取的暴利十分可观。于是，清朝明文规定：贩卖私盐，罪当坐牢，情节严重、数量较大者，则应斩首示众。为此，庐州乃至六安各地官府都专门设立机构，组建了一支支武装缉私队，不仅沿途设卡，而且在八方侦查追捕贩卖私盐者。为了对付官府的缉私队，躲过盐局的盘查，贩卖私盐的人们也结成团伙，配备武器，以便在不测之时以武力杀开一条血路。这一年，铭传只有18岁。

庐州被占领的消息传来，大潜山一带立刻人心不安。四方地主士绅出于对太平军的恐惧，纷纷募勇筑圩，办团练自保。这些民间武装不受官府约束，往往横行霸道，欺压乡里，巧取豪夺。这天，豪强李氏假借为乡民办团练的名义，率仆从上门挨家挨户索取壮丁费，刘铭传家因为贫穷实在拿不出钱。李氏豪强便令仆从冲进刘家，一番打砸，又对刘母、其伯父刘殷百般凌辱。李氏依仗家中富庶，手下有人，自身又会些拳脚，向来横行乡里，欺凌百姓，一时间也无人敢上前施以援手。

恰逢刘铭传自外归来，听闻此事，怒火填膺。他怒视众兄长说："大丈夫应当自立，如何能够忍下此等奇耻大辱！"说完便返身追出门去，直追出六里赶上豪强，徒手拽住他的马匹。李氏豪强回头一看竟是乳臭未干的刘麻子，遂狂笑道："毛头小子竟敢挡我的路？就算我拿把刀给你，你胆敢杀了我吗？杀了我才是真壮士！"刘铭传于是夺过他的佩刀，猝然斩下，翻身上马，手中高举豪强头颅，登高大呼："豪强李氏为虐乡里，今天我斩下他的头颅，愿意跟随我的，应当与我一同保卫乡里！"一时间从者百余人。

刘铭传杀了人，心中其实是害怕的。为躲避官府通缉，他离家出走，一边结党贩运私盐，一边劫富济贫。他曾烧过西乡金桥一家典当，亦曾有抢舅家的劣迹。1856年（咸丰六年）的春天，邻乡一富户囤粮食居奇被哄抢，有人上告是刘铭传带头所致。清廷官兵据蛛丝马迹，追寻至"鳌望滩"，并未抓获刘铭传。于是折回刘家，向刘母"索资不得"，便一把火烧了刘家。双目失明、卧病四月的周氏惊怒交加，当天傍晚就吊死在桂花树下，遗体草葬。

母亲的非正常死亡对刘铭传的刺激很大，在他日后显贵时，每到母亲忌日和自己生辰的那天，他都要跪在周氏的牌位和画像前痛哭不已，深恨当年的莽撞连累了母亲。

家毁母故，世道纷攘。只有20岁的刘铭传遭此人生大起大落，环顾四周，良田被毁，家园已殁，天大地大，自己又应当何去何从呢？此时，刘盛藻当年对父亲说的话仿若回荡耳边——"你家小六子升平之世就是块废物，但到了乱世不定是个英雄"。擦干泪水，刘铭传一路狂奔至清规寺私塾，寻找堂侄兼老师的刘盛藻，期待他为自己指点迷津。

得知铭传来意，刘盛藻沉思一阵，建议道："寇深矣，可奈何？与其日奔驰于烽火扰攘中，曷若团练以捍卫井里乎？"他建议刘铭传摒弃以往行径，投到清王朝的旗帜下，在乡里兴办团练，以协助朝廷抵御太平军和以贩卖私盐和拐卖人口起家的捻军。

于是，刘铭传采纳了刘盛藻的建议，拉起队伍，在家乡筑堡扎寨，守土保闾，以待天时。可谓是：

> 自从家破苦奔波，懒向人前唤奈何。
>
> 名士无妨茅屋小，英雄总是布衣多。

## 追随淮军　一战成名

> 拜别亲朋去故关，举家相送泪渍渍。
>
> 从戎气壮晨趋马，破晓云开鸟出山。
>
> 人值少年当自立，身逢乱世敢偷闲？
>
> 中兴将帅堪平寇，我待功成定早还。

这首诗写于1861年刘铭传离开家乡出征之际。此时，25岁的刘铭传的团练兵勇已达数百人，并在历次作战中崭露头角，恰逢李鸿章在安庆奉曾国藩之命回乡招募乡勇，编练淮军，准备前往江苏和上海同太平军作战。刘铭传、刘盛藻经同乡张树声、周盛传等人的举荐，受到了李鸿章的召见。李鸿章要他们组织一支千人队伍随其出征，他们欣然答允。出征前，刘铭传赋诗一首，题为《应募入皖辞家晓行》，字里行间流露出这位

李鸿章

年轻将领的踌躇满志、风发意气。

这颗璀璨的将星正冉冉升起，之后的功成名就此时暂且不提。我们先将时间轴拉回到1856年。

1856年4月（咸丰六年三月），太平军攻破了清军江南大小营垒120座后，又于6月一举摧毁了江南大营，钦差大臣、督办江南军务的向荣自缢身亡。此时，安徽的安庆也被太平军占领。太平军还相继攻克了庐州、舒城、桐城、六安、英山、霍山、寿州等地，击毙了安徽巡抚江忠源，迫使安徽团练大臣吕贤基投水自尽。先后担任安徽巡抚的蒋天庆、周天爵、翁同龢、福济所统率的军队也尽打败仗，处于偃旗息鼓、望风披靡的状态。在太平军的推动下，皖省捻军于1856年2月（咸丰六年正月）在涡阳雉河集会盟，共推张乐行为盟主，称大汉盟主，建立五旗军制，聚集10万大军响应太平天国，声势浩大。清朝安徽的地方政权已基本处于土崩瓦解的状态。

局势糜烂若此，此时的庐州西乡一时也是豪杰蜂起，堡寨棋布。刘铭传听从老师刘盛藻的建议，募集起一支四五百人的队伍，分别在清规寺和刘老圩筑起堡寨，兴办团练。所谓团练，就是集合训练，人员自募，经费自理，协助官军作战，捍卫乡里，是历代统治阶级用作编练地方民团的名称。

刘铭传的这支团练队伍，大多由其刘氏宗族的子弟组成，其他的也基本为周边乡镇的乡民。刘氏宗族从铭字辈之下，按照"盛朝文学、辅治贤良、谟诒孝友、业著辉光"16字排列的。刘铭传作为参加团练的刘氏宗族中辈分最大的人，当之无愧地成了刘老圩民团的团长。队伍刚刚建立，刘铭传便与部下约法三章：一是不准欺压穷苦百姓；二是不准强奸妇女；三是一切战利品要悉数交公，违者必究。当时周围还有其他圩寨，彼此之间"相互攻伐，竞争雄长"，时有恶战。但刘老圩民团在刘铭传的严格管理之下，训练有素，纪律严明，在他寨的历次侵扰中从无败绩，成为十里八乡最有实力的圩寨。

至此，刘铭传不仅摆脱了以往因为触犯王法而遭到官府通缉追捕的命运，更是一跃成为协助官府抗击贼寇的功臣，而这支此时仅有四五百人的队伍更成为他其后发迹的重要基础。

1858年（咸丰八年）8月，太平军将领陈玉成攻克庐州。合肥知县英翰弃城逃至西乡求助于刘铭传却遭到拒绝，于是求助六安直隶州邹笥帮其报仇。邹笥捕获刘铭传后却感其赤诚，认为他既拒捻子，又敌长毛，假以时日定能成为国家的戡乱之才、中流砥柱，便饶恕了他。刘铭传感其不杀之恩，便归顺清廷。

为了增强自身实力，更好为朝廷效力，刘铭传回到大潜山，将刘老圩附近寺庙中的数百尊铜佛熔化后制成铜炮。当时乡里人颇为迷信，认为此举必然激怒神佛，必遭报应，不料刘铭传安然无恙。于是，在他的授意下，一些心腹就编造出刘铭传是黑虎星下凡的传言。甚至有人传得活灵活现，说有一次到民团团长刘铭传睡觉的大帐汇报事情，一进屋不见其人，但见床上躺着一只斑斓大虎正在闭目吐气，声震房梁，吓得那人连忙掉头就跑。如此一来，本寨及邻寨中原本对刘铭传不服的人纷纷对其充满敬畏。其实，在我们今天看来，所谓"黑虎星下凡"之言纯属无稽之谈，然而在那个科学并不发达的年代，人们往往对未知及传言怀有一种敬畏，一些统治者也往往利用这种敬畏和盲从以收拢人心，刘铭传恰恰就是利用人们的这种心态。

有了这些铜炮，刘铭传的寨子更是实力大增。而当年他贩卖私盐时，结识了一些朋友，其中诸如唐殿魁、唐定奎、苏得胜、章高元等也纷纷前来投奔，一时"群众子弟，追随战伐"。

1859年（咸丰九年），太平军攻打肥西长城、官亭两地，形势十分危急。六安州举人李元华力邀刘老圩和清规寺的刘铭传与刘盛藻团练参与"协剿"。刘铭传和刘盛藻率领本部乡勇奋力厮杀，使太平军败走官亭、长城，退守六安，之后又随清军攻下六安，赶走了当时的捻军"大汉盟主"张乐行，由安徽巡抚福济保奖千总并五品顶戴。1860年（咸丰十年），捻军又包围了寿州。刘铭传"自备饷，带勇练五千"，解了寿州之围。朝廷升他为都司，上谕"着以游击补用"。

经此两战，刘铭传顿有一种鱼游大海、虎归深山之感，其作战指挥能力亦是愈发凸显。此前组建团练，保卫乡里，毕竟格局有限，即便作战厮杀仍在当地范围内，且参与作战的人数有限，并不能真正激发刘铭传的将帅之才。直至他开始追随清军，离开本土作战，他才第一次对所谓的战局有所了解，并展示出了其卓越的作战指挥才能。

而此时的刘铭传尚不知晓他人生中的第一个转折即将出现。

刘铭传的这一转折正是本节开头所说的李鸿章返乡募兵。1861年冬，曾国藩为了增援上海，委托李鸿章仿照湘军的营制编练淮军。李鸿章首先想到的就是家乡的团练，其中又以西乡三山——周公山、大潜山、紫蓬山为代表的民团，特别凶悍好斗。而这三大民团分别属于张树声、张树珊兄弟，刘铭传和唐殿魁、唐定奎兄弟。又由于张家财大气粗，张树声本人年龄最大，又有一个廪生的功名，所以俨然成为三山的首领。

当年李鸿章的父亲李文安回乡办团练时，曾一度把张树声"召襄戎幕"。所以听到淮军招募的消息，张树声便将刘铭传和唐氏兄弟请到圩子里，仿照桃园三结义的办法歃血为盟，一起投奔曾国藩和李鸿章。所以，李鸿章在安庆开始建立淮军，首先招募的就是西乡三山和庐江举人、门生潘鼎新所部团练。

经过几天的精心挑选，刘铭传已招募齐李鸿章所需要的人数，并计划在2月12日正式从庐州出发，五六天后抵达安庆，同李鸿章汇合。据说，他将这一消息写信告诉了李鸿章，并随信捎来一首小诗：

> 武夫如犬马，驱使总由人。
> 我幸依贤帅，天心重老臣。

上官存厚道，偏将肯忘身。

国事同家事，谁看一样真。


1862年2月，即同治元年正月，来自庐州各处的淮勇顺利抵达安庆。庐州各团练兵勇在安庆北门外淮军营地安置下来以后，便接到传令：曾国藩要召见各路主将叙话。这个消息令刘铭传等人兴奋不已，来不及歇息便立刻前往安庆总督府。

总督衙门威严壮丽，气势非凡。张树声、刘铭传、吴长庆、潘鼎新、周盛波、唐殿魁等人跟在李鸿章身后，随着前来接引之人前往曾国藩的会客大厅。一路前来，众人早已将这府衙内外打量清楚：一入府衙大门，道路两旁便有兵士持戈而立，寒光逼人，横眉怒目，威武庄严；从府衙入口到会客大厅，层层门岗，一派肃杀；大厅之内摆设豪华，却空空荡荡，不见半个人影。这一切早令众位泸州来客慑于督抚衙门之威严，遂诚惶诚恐，正襟危坐，屏气凝神。唯有刘铭传安之若素，毫无惧色。奈何时间一点一滴过去，曾国藩仍不见人影，刘铭传便有些不耐。此时，府内下人前来禀告曾大帅昨夜忙于政务未曾休息，现如今正在府中午休，一时无法接见众人。众人一听曾大帅在午休，更不敢打扰，刘铭传强自按捺下心中怒气在厅中踱来踱去。终于，他一怒而起，发作起来："曾大人高高在上，对远道而来的下属如此怠慢，岂不令我等心寒！"岂知，此时曾国藩正在厅中屏风之后静观众人，听此抱怨，不

018

仅没有生气，更对旁边的李鸿章说："脸上有麻者帅才也！"晚餐，曾国藩以小元宵款待，席罢独刘铭传能报出所吃小元的准确数目，令曾国藩大为赞叹，谓其"粗中有细"。

自此，刘铭传的仕途正式开启。他与同来的张树声、吴长庆、周盛波、潘鼎新分别以自己所带来的兵勇组建成了"铭字营""树字营""庆字营""盛字营"和"鼎字营"。各营之间彼此不相统属，独立自主，只听从李鸿章一人的命令。李鸿章后又率领这五营约3500余人，同曾国藩拨给他的原湘军程学启、郭松林等营部合并，总兵力约6500人，称淮军。

这一年，刘铭传只有25岁。

# 第二章　东征西讨屡凯旋

## 血战申城　屡蒙拔擢

1862年4月，也就是同治元年三月，刘铭传率所部从安庆出发，跟随李鸿章从水路东下，浩浩荡荡向上海进发。此时，太平军忠王李秀成兵分五路，开始又一次派遣大军进攻上海。仅用了两个多月的时间，太平军就占领了上海周围的嘉定、青浦、奉贤、南汇和川沙等地。李秀成北路直逼静安寺，南路进抵松江天马山，计划对上海城展开全面围攻。

城外太平军压境，炮声轰隆，昼夜不绝；城内人心惶惶，有钱的人纷纷逃亡租界。中外人马奔来跑去，调兵遣将，加紧防务，将交通关口通通戒严。淮军就是在这样一片兵荒马乱的气氛中进驻了上海城。

上海是一个极大的通商码头，财货丰富，三面临水，易守难攻。在战略地位上，上海虽不如毗邻的镇江，但可以说只要立足上海，便可打通周边乃至金陵一线的道路，从而将这东南一带连为一体，为后续共同攻打太平天国的"天京"——南京城埋下伏笔。因此，对于清军来说，上海之战至关重要，上海城绝不能丢！

铭军淮勇号衣

而此时"铭字营"内的气氛更是热烈，从主将到士兵无不摩拳擦掌，筹备武器弹药和军用物资，因为他们即将迎来"铭字营"成立后的首战。此时，刘铭传的心中充满了万丈豪情，他一方面感慨于东南半壁江山浊浪排空，百姓流离失所，另一方面又为接下来即将一展心中抱负、为国戡乱充满信心。他的一首《上海军次中丞接篆日》诗中有云：

半壁皆烽火，江南不见春。

离家三四月，航海八千人。

才系苍生望，身承宠命新。

英雄有抱负，举止自天真。

在李鸿章的策划下，1862年5月20日凌晨，刘铭传率领"铭字营"五百多名将士抵达浦东杭头，并与驻扎在这里的太平军展开激烈厮杀。作战中，刘铭传身先士卒，奋力冲杀，先后从太平军手中夺回了杭头和新场营垒两个地方。

　　面对骠勇善战的"铭字营"官兵，驻守南汇城的吴建瀛和刘玉林两位太平军首领发生了动摇。刘铭传利用这个机会，派遣族人刘盛休前去谈判，暗中勾结刘玉林里应外合，迫降了吴建瀛。"铭字营"夺取了南汇县城，刘铭传喜不自胜，趁机收编了原太平军队的4000余人及其弹药武器。

　　之后，"铭字营"在刘铭传的率领下，一路势如破竹，先后攻取了川沙、奉贤和金山卫等地。刘铭传累建功勋，被拔擢为参将，并被授予"骠勇巴图鲁"的称号。所谓"巴图鲁"，其实是满语中勇士的意思，清代将此用作称号，赐给那些作战勇猛、屡建战功的人。

　　刘铭传首战得胜，愈发得到李鸿章的垂青，此中原因除了刘铭传天资聪颖、敢打敢拼外，更重要的是他善于学习和接受先进事物。李鸿章刚到上海不久，就曾到英国海军司令何伯的旗舰上去参观，对于军舰上"大炮之精纯、子药之细巧、器械之鲜明、队伍之雄整"叹为观止，认为中国军队远不能及，回来后曾训诫诸将："虚心忍辱，学得西人一二秘法。"后来，他又曾观摩华尔洋枪队和太平天国的实战过程，更进一步发展成为一个彻底的唯武器论者。但一开始包括程学启、郭松林等在内的淮军宿将都对此不以为然，唯有刘铭传"稍稍解语"。再加上当时无法大批量一次性购进过多洋枪洋炮，于是李鸿章决定先在自己的亲兵营和刘铭传的"铭字营"中装备洋枪洋炮。后来，刘铭传还聘请了一位法国教习毕乃尔帮助他训练和指挥新军作战。而这位毕乃尔教习在刘铭传的保媒下，娶了一名合肥当地的中国姑娘为妻，并申请加入了中国国籍，死后归葬六安。

刘铭传对西方科技的浓厚兴趣同样在其诗文中有所体现。他曾作有一首《轮船》，字里行间流露出对这种新式交通工具的赞叹与推崇：

> 不藉风潮力，横行自径还。
> 转轮千百里，回首万重山。
> 放荡江湖里，飞腾波浪间。
> 欲乘渡沧海，借以出尘寰。

随着洋枪洋炮陆续配备齐整，铭军实力大为提升，而其之所以在后续的战斗中几乎所向披靡，并逐步成长为百战劲旅，可以说与它最早实行装备近代化是分不开的。而刘铭传本人也成为"淮军特出之将"。

军备日盛，刘铭传自然如鱼得水。在后续的岁月里，他又先后率部常熟之围，克江阴，取无锡，升记名提督，头品顶戴。1864年（同治三年）5月，刘铭传率部攻陷常州，生俘太平天国的护王陈坤书并将其杀害。

而此时，好运气再次眷顾了刘铭传。1864年6月1日，"天王"洪秀全在多日以野草充饥后病逝，他的儿子、"幼天王"洪天贵福继位。7月19日，"天京"被曾国藩所率领的湘军攻破，随后清军屠城，许多平民百姓被杀，其惨况无可描述。湘军攻破天京后，太平军放火烧城，湘军也在大肆抢劫后纵火。

就在一片混乱中，洪天贵福由忠王李秀成护送出城，不久又由干王洪仁玕等一路护送至安徽广德。李秀成在混乱中将好马让给幼主，却不幸于同月22日在南京城外方山被俘，后被曾国藩处死。

突围至广德的洪天贵福被太平军守将黄文金迎入城中，但此时刘铭传已兵临广德城下。他率军拼死围攻，打败了太平军的堵王黄文金，在其重伤的情况下一路追至广德附近的白牛桥并将其杀害。洪天贵福和洪仁玕则在率残部逃出广德城的路上被俘身亡。自此，轰轰烈烈的农民起义太平天国运动主要领导者几乎死伤殆尽，这个充满了贫苦百姓梦想的农民政权已轰然倒塌，唯余残部仍在拼死战斗。

捷报传来，清廷大喜，溯其功劳，认为刘铭传居首位，便赏其穿黄马褂，授直隶提督。其时，名将程学启已战死嘉兴，至此刘铭传的铭军便一跃成为淮军中首屈一指的劲旅。全军

12 000人，分左、中、右三军和步、骑、炮三个兵种，所用武器悉数换作"泰西新式"，为淮军诸将冠。

刘铭传便这样一步一步用太平军的鲜血染红了自己的仕途，他对未来充满了期盼。一个从肥西乡下走出来的毛头小子，如今摆在他面前的不再是先祖面朝黄土背朝天的道路，而是一条百战封侯的康庄大道。刘铭传的好运气似乎仍是用之不竭，因为在攻下常州之后，他竟无意之间得到了一件天下至宝。

## 常州获宝　率军平捻

1864年5月，刘铭传率部进驻常州。在1863年底攻打常州城之时，刘铭传负责率部攻打常州小北门口大石营。守卫常州的太平军将领护王陈坤书是太平军中一员悍将，其所率领的队伍也被公认为是一支最为骁勇善战的军队，与其对阵难度可想而知。

刘铭传作为前线指挥军官，当时正在一处高地用望远镜查看战局，此事被陈坤书知晓，便命令其狙击手对准那个手持望远镜的清朝军官射击。突然几声枪响，刘铭传摇摇晃晃地倒了下去，其周围亲兵大惊失色纷纷抢上前来查看其生死。不料，刘铭传自己却挣扎着坐了起来，只见他满脸鲜血，神志模糊，左右亲兵立刻将其背下前线战场。在军医的检查下，刘铭传是"顶额中枪"，伤口寸许，入骨不浅，经过抢救虽活下命来，额头上却留下了深深的疤痕，且两眼时而模糊，难以视物，逢阴雨天便感头痛难忍。

刘铭传枪伤未愈，在占领常州之后，便进驻了原太平军将领护王陈坤书的府邸修养。那是一个阴雨连绵的夜晚，刘铭传正准备安寝，却听到府中院内似有金属撞击之声，声声悦耳，清脆连绵。他觉察事有蹊跷，便披衣起身前往院中查看，此时众人屏息凝神，寻找着那"叮当叮当"的悦耳声响。此时，万籁俱寂，夜空如泼浓墨，那声音便越发清晰起来，刘铭传发现声音是从府中马厩方向传来的。

众亲兵跟随在刘铭传身后来到马厩，此处空无一人，凝神细听，声音似是从马槽处传来。是什么东西？刘铭传有些疑惑。他慢慢上前，打着灯笼，眯着有些模糊的双眼细细打量。他慢慢伸手拂开堆在马厩中的干草饲料，抚摸着马槽，只觉触手冰凉，用随身兵器敲击似有金戈之声。此时，他已断定这必定是一件金属器物，只是不知为何用作了喂马的槽具。他决定第二天一定要细细查验。

第二天一早，刘铭传便让亲兵将那马槽取下，洗刷干净后，更令他惊讶的是，那根本不是一个马槽，而是一件青铜器。在后续的记载中，我们得知这件青铜器"高今尺一尺二寸五分，足高一寸五分，左右径二尺四寸八分，前后径三尺九寸，深一尺一寸，环径四寸，围一十二尺。左右前后饕餮衔环各二，重约今权四百五十余斤"。此时刘铭传已笃定这必是一件宝贝，他上前细细观察，发现其底部有8行蝌蚪形文字，共有111个字，颇有文化底蕴的刘铭传知道这种文字就是大篆，又被称为籀文，年代久远，定是周代旧物，堪称国宝。

刘铭传心中窃喜，立刻沐浴焚香，他抚摸着这些陌生的文字，却无法理解其中的内容。于是他令亲兵将此青铜器运回了自己的老家刘老圩。希望能通过有识之士，判断出这件青铜器的价值。

之后，刘铭传经过多方打探，终于从一位黄从默的老先生那里破译了这件宝贝的来历。老先生告诉刘铭传，此物叫作"虢季子白盘"。古代的盘是用作盥洗器的，之后有人将其当做纪念的器物。这件铜盘制作于周宣王十二年，也就是公元前816年，属于西虢国诸侯的小儿子姬白，距离当时已经2600余年。此物与散氏盘、毛公鼎并称为西周三大青铜器，且虢季子白盘居首。

这件青铜器上的籀文大概记载了这样一件事情：周宣王十二年正月初一，西虢国诸侯的小儿子姬白制作此盘。不久前匈奴的先祖猃狁兴兵造反，周宣王命令西虢国诸侯小儿子姬白带兵讨伐，在洛河之北大胜猃狁，歼敌500人，俘获50人，受到了周宣王的表彰和赏赐，特制作此铜盘纪念，敬祝子孙绵延，万寿无疆。

刘铭传得此宝物欣喜若狂，将其藏于老家。之后他辞官归隐，在家中造一盘亭，将虢季子白盘置于其中，轻易不示于人前。他还专门写下一篇《盘亭小录》以纪念此事。虢季子白盘

虢季子白盘

自此就被刘氏宗族的后人保护了起来，其中历经多少风雨，其间各路军阀、美国人、法国人、日本人都曾找到刘氏后人索要铜盘。可是，无论威逼还是利诱，一代代刘氏族人都未曾妥协，始终默默地保护着这件国宝，直到中华人民共和国成立。1950年2月28日，由沈雁冰亲自签署了中华人民共和国文化部特颁的《褒奖状》，用以褒扬刘铭传的后人刘肃曾将虢季子白盘无偿捐献给国家和人民。

从此，西周著名三大青铜器之首的虢季子白盘，在刘家珍藏了整整86年、历经四代人之后，终于宝归天下。不过这都是后事。

此时，淮军在太平天国之战中的战绩，到克复常州为止，暂时告一段落。原因是李鸿章要把克复南京的首功让给曾国藩、曾国荃兄弟，所以故意使淮军在打下苏州、常州二府之后顿兵不进，好让湘军成其大功。

太平天国之乱既定，清军收回南京城，当时湘军士卒苦战时日已久，诸老将功成名就，曾国藩也担心功高震主，带来杀身之祸，主动奏准裁撤湘军大部分并停征厘金、亩捐，以向清廷表明心迹。这样一来，曾国藩手中便无足够兵力，即便今后仍有征战，其统率的也不再是身经百战、忠心耿耿的湘军，如此便于朝廷辖制。

相比之下，此时的淮军志锐气盛，在后来更成了清朝政府所倚仗的主要武力。而刘铭传作为淮军最年轻的将领，勇略冠于诸军，成为一时翘楚，而其所领兵勇因人数不断增加，遂弃原名"铭字营",而改之为"铭军",同样名噪宇内。

刘铭传伤势渐愈。此时,朝廷又传来了调刘铭传所部随曾国藩"剿捻"的诏令。原来,太平军丢了金陵以后,捻军也元气大伤。几年来,他们与太平军互为声援,互为支持,虽然没有很多的联合行动,但在很大程度上牵制了清军,以自己的客观存在帮助了对方。所以,当太平军大势已去,捻军的气势也大不如前。太平军余部遵王赖文光、扶王陈得才、首王范汝增等纷纷投靠了号称"大汉盟主"的张乐行,与捻军结成一股,并进行了改编。改编后的新捻军首领有遵王赖文光、梁王张宗禹、鲁王任柱、荆王牛洪等。

同治四年,也就是1865年,刘铭传部移师下邳,恰逢这一年的五月十八日,清廷派遣的郡王僧格林沁为钦差大臣,率领蒙古骑兵在河南、山东、皖北一带围剿捻军多年,却毫无建树,反而中了捻军引鱼上钩之计,在曹州(今山东菏泽)高楼寨一带被捻军击毙,全军覆没。

僧格林沁雕像

消息传来，朝野之间一片哗然。刘铭传、周盛波等因救援不力，受革职处分。朝廷再次下令，曾国藩代替僧格林沁率领大军开赴山东，势要荡平诸捻！

## 尹隆河败　荡平诸捻

自僧格林沁死后，剿捻之事已刻不容缓。朝廷决定，此次剿捻以曾国藩、李鸿章两位中兴大臣为主，曾国藩率领大军于前线督战，而李鸿章则负责在后方提供兵源、粮饷和军械。

刘铭传率部与曾国藩大军汇合后，曾国藩便召开了一次军事会议。这次会议彻底否定了僧格林沁以往那种"以动制动，节节尾追"的打法，而主张以静为主，动静结合。具体提出了三条设想：一是在鲁、豫、皖、苏四省捻军经常活动的地区，普遍设立圩寨，选出士绅、土豪作为圩长，五家联保，层层具结，人口、粮食一一登记造册，以免捻军混入其中；二是编制"良民册"和"莠民册"，摸清圩内家庭人员状况；第三条则是刘铭传提出来的"定长墙圈制与扼要设防，分道兜剿"的方法，即东以山东运河，北以黄河，西以贾鲁河、沙河，南以淮河为界，沿河筑起长堤和碉堡，分兵防守，并在安徽的临潼关、山东的济宁、江苏的徐州、河南的周家口四处设重兵作游击之师，灵活调动，用以围追堵截捻军，使之在被圈定的区域内疲于奔命，最终将其消灭。

依照刘铭传的方法，曾国藩令其屯兵周家口。期间，刘铭传分别于瓦店、南顿、扶沟取得大捷。1866年（同治五年），太平天国遵王赖文光攻克湖北黄陂，进逼汉口，朝廷令刘铭传率师驰援，铭军抵达后旋即夺回黄陂，刘铭传官复原职。赖文光见事不可为，便在河南中牟将所部捻军分为东、西两支。赖文光、任柱、范汝增和魏王李蕴泰为东捻，在中原地区活动。刘铭传和潘鼎新、张树珊负责对付东捻。

刘铭传崛起于这一场千载难逢的风云际会之时，凭借的绝不仅是自身的聪明才智，更在于他礼贤下士，善于听从他人意见。

淮军进攻据守城池和堡垒的太平军，所进行的是阵地战与要塞争夺战；而捻军却并不像太平军那样凭坚而守，他们所用的是流窜战术，善游击奔波作战，遇弱则攻，遇强则遁，避实击虚，倏忽来去，不可预料。究其原因，在于捻军马骡极多，昼夜之间可奔驰数百里，颇似流寇。而淮军对此战法非常不习惯，再加上当时军队中少有骑兵，不得不跟在捻军身后，疲于奔命之余，更常常被打得丢盔弃甲。刘铭传对此也头痛不已。刘铭传帐下有一谋士，名唤朱景昭，号默存，合肥优贡生，博学多才，可谓是当世奇才。刘铭传邀其入幕，甚为礼遇。有一天，他问朱景昭如何对付捻军，朱笑答曰："捻如马贼，官军欲以步武胜之，如何哉？"刘铭传恍然大悟。第二天一早，他就在大帐之前焚起一根短香，并将一块金币悬置帐外。然后他集合队伍，令众军士在操场列队站好，众人不解其意，只听刘铭传扯着嗓子大声喊道:"众军士听令,能在案上短香燃烧一寸的时间内绕六营三圈,第一个返回的人,我将将此金币赏赐于他!"话音一落,全场哗然,众军士都开始练习绕营训练,最后甚至有人能在规定时间内绕十四营三圈。如此一来,军队的行军速度大大提高,即便捻军迅疾如风,铭军亦能奔走相随,以行军速度来弥补马队不足的缺点。

刘铭传勇猛善战,也一向被认为是一名福将,然而他在剿捻战争中所遭受的尹隆河之败,成为他一生中的重大挫折和抹不去的污点。

关于尹隆河之战,有关刘铭传的各种传记文字中都略而不提,唯有同时人薛福成所撰写的《书霆军铭军尹隆河之役》详细记录此事。

尹隆河之战发生于同治六年,也就是1867年。此前,松军统领提督郭松林被围困于沙冈集,受伤后奋力突围,溃败而逃。树军统领总兵张树珊战死于杨家河。当时,捻军骑兵数万,云翔风驰,劲疾剽悍,清军为避其锋芒,只得凭借圩寨堡垒固守,不敢撄其锋芒。如此一来,捻军气势更盛,连续攻陷了应城、云梦和天门。不久弃城离开,屯踞臼口、尹隆河,窥伺安陆。当此时,湘军名将鲍超统领霆军二十二营,共计一万六千余人,直隶提督刘铭传统领铭军二十营,合计一万余人,从南阳南下,分两路进行围剿,一路行来也颇有斩获。

同治六年正月,霆军与铭军汇合于安陆,捻军移至尹隆河一带。为共破捻军，鲍超与刘铭传约定，霆军驻守臼口，铭军驻守下洋港，以庚午日辰刻为期，也就是1867年2月19日这天的早晨七点进军夹击。然而，在此之前两将间的意气之争已是公开的秘密。鲍超自谓宿将，歼击敌寇，功勋卓著，而刘铭传虽为后起之秀，但其铭军战绩远不如霆军，而两人如今同为统兵大将，因此鲍超对其颇为不屑。而刘铭传则认为鲍超只是一名武夫，有勇而无谋，但其威名却在自己之上，因此便郁郁不乐。这件事便为后来的悲剧埋下了伏笔。

两军约定之后，刘铭传评估自己的兵力之后，认为无须等待与鲍超合围，铭军一军便可独立破贼，如果与霆军一同作战，到最后论起功劳一定是霆军居首功，这样也就便宜了鲍超。何妨提早一个时辰出兵，等到我们歼灭捻匪，鲍超再来也只能承认我们铭军能征善战，看他以后还如何能轻视于我？刘铭传的这个计划得到了老师刘盛藻的支持，却也遭到了其帐下大将唐殿魁的坚决反对。唐殿魁可谓刘铭传的左膀右臂，关于其二人的记载曾有这样的说法："唐之调度，刘之训练，合为两美，又得刘省三中丞为帅，以故虎步一时。"

可是，刘铭传不顾唐殿魁的反对，一意孤行，于庚午日卯刻进军，兵逼尹隆河。由于敌人在河彼岸，刘铭传便留下五营兵马守护辎重，亲率骑兵、步兵共计十五营渡河鏖战。

其实，以当时清军与捻军双方的军事实力加以衡量，捻军超过十万，虽然其中多有裹挟随军的老弱妇孺，但估计其精锐仍有三四万，否则怎敢在连败松、树两军，又在霆、铭两大劲旅先后来到之时，犹敢屯踞不去？霆铭两军合计约有二万六千。由于两军皆曾屡当强敌，战斗力很强，剪此巨寇，当无问题。但铭军与霆军分驻东西，双方相加实力当可胜过捻军，但若分割运用，就不一定能稳操胜券。所谓"各个击破"，在人类战争史上屡见不鲜。刘铭传久经战阵，兵法娴熟，当然知道在此强敌当前、胜负未分的时刻，不可谓敌军制造各个击破的机会，然而他的骄兵之气竟然使他低估了敌方实力，仅想凭借十五营也就是约7500人的兵力击败十万捻军，几乎毫无胜算。

果然，此后的发展果然也向着不利于清军的一方发展，后果自然不堪设想。在铭军尚未发动攻击之时，捻军早已严阵以待。任柱凭借马队扑向左军，而牛洪则率领自己的部队扑向铭军右翼，赖文光和李允所部合兵扑向中军。捻军气势汹汹，这让百战百胜的铭军一时也乱了手脚。铭军左翼刘盛藻所率的五营首先遭遇敌军攻击，由于敌军多为骑兵，势强而不能支，败退渡河。而遭受任柱攻击的刘铭传中军同样情势危急，此时铭军右翼唐殿魁击退了牛洪，迅速奔至中军驰援，却也节节败退。

最后，唐殿魁及其属官吴维章、田履安，刘铭传侄儿记名提督刘朝熙、中国籍法人教习毕乃尔等力战而死。刘铭传随中军败退，但立刻被从四面八方涌来的捻军围困，突围失败。已然绝望的刘铭传与诸幕僚、将领只能摘下顶戴花翎，脱下冠服，坐地待死。

幸而此时已到了与霆军约定合围的时辰，霆军践约而来，"势如风雨，张两翼以蹴贼。酣战良久，呼声震十余里，大败贼众。……救拔刘公及刘盛藻等于重围之中，暨铭军将士二千人"。铭军之败，使得胜的捻军得意忘形，为突如其来的霆军制造了轻易取胜的机会。况捻军久战疲敝，铭军在此之前已耗费了捻军大量的战力，于是更难抵挡以逸待劳的霆军。于是一路势如破竹，也在预料之间。

然而，对于鲍超率霆军来救，刘铭传并不感激，他之后的所作所为可以说是恩将仇报。他一是上述弹劾了刘盛藻"浪战轻敌"，刘盛藻被拔去花翎，撤销了在1863年因攻克无锡而被赐予的"恒勇巴图鲁"名号，并被责令革职留用，以观后效。二是向李鸿章上报：鲍超的霆军既约定黎明击捻，却不能如约发兵，自己孤军被围，招致失败，但铭军奋力相持，后汇合姗姗来迟的霆军才反败为胜。李鸿章偏袒下属，于是根据刘铭传所言向清廷上了一道奏折。

此时的鲍超自忖救刘铭传于危难间，正美滋滋地等待着朝廷的褒奖。岂料嘉奖不见，只有严旨谴责，他犹如从云端跌入泥淖，心中知道必是刘铭传与李鸿章做的手脚。之后他抑郁成疾，引发旧伤，上折请求返乡治病，他所统率的霆军也被解散，后被改编为"霆竣军"，随淮军作战。得知此事，曾国藩大为光火，他责问李鸿章何以颠倒黑白、是非不分，湘淮两系的矛盾自此愈发尖锐。

霆军解散，铭军因祸得福，成为淮军首屈一指的劲旅。之后的战斗也十分顺利。1867年11月19日，刘铭传等在江苏赣榆大胜捻军，任柱战死。12月24日，刘铭传在山东寿光海滨击败东捻军，范汝增战死弥河。

到了1868年（同治七年），东捻最后败于扬州瓦窑铺，赖文光被刘铭传同乡吴伯华生俘，后殉难，东捻之乱自此平定。刘铭传以功封三等轻车都尉，因患疮毒，乞假回合肥修养。

这年4月，西捻直逼津、京，清廷大惊，命李鸿章总统山东境内各路清军对付。李鸿章"假朝命强起之"，令刘铭传速北上保卫京畿。8月，刘铭传指挥潘鼎新等在山东荏平南镇一带，陷西捻于泥淖绝境，并围歼之。梁王张宗禹仅带十八名勇士突出重围，来到徒骇河边，"穿林凫水，不知所终"。捻军起义失败。刘铭传"剿捻"居首功。因此时刘铭传武将官职已封无可封，遂只能从爵位上进行嘉奖，他受三代一品封典，世袭一等男爵。

# 第三章　解甲归田十三年

## 督军陕西　辞职还乡

捻军之乱已经平定，而年仅33岁的刘铭传也实现了他百战封侯的愿望，以他的年纪与功绩将来做个一品大员、巡抚一方已完全不是遥不可及的美梦了。然而，当年的尹隆河之战仍使他遭受一生中的重大挫折，几不齿于世人，严重影响了仕途，即便后来多方苦战，击败东捻军，获赏三等轻车都尉世职，方略略摆脱难堪处境。再加上当年平定太平天国之乱时，头部曾严重受伤，这伤势在之后的征战杀伐岁月中也不时发作，使其痛苦难耐。

征战在外的辛苦、委屈，对朝廷文恬武嬉①的不满，百姓流

---

①文恬武嬉：文官安闲自得，武官游荡玩乐，指官吏只知贪图安逸享乐，不关心国事。

离失所的惨状，伤病痛苦的折磨……这一切都令他思乡情切，以致他曾留下这样的诗句：

中原欣且定，解甲觅归途。去就不关系，功名若有无。
折磨消壮志，憔悴剩微躯。恐负军民望，还乡退守愚。

——《告归》

病里心烦躁，思安厌客来。身闲由仆懒，风紧怕窗开。
日睡眠三觉，朝衔药一杯。乞归文早去，不见答书回。

——《病中》

1869年（同治八年）春，刘铭传在直隶提督任上，以身心俱疲之躯，奏请开缺，返回合肥老家，"解甲归乡去，入山种翠薇"。刘铭传仕宦一生，曾有六次还乡，五次进退。第一次是加入淮军后，同治三年（1864年）岁末，奉旨随曾国藩剿捻进军途中曾停驻于六安，六安距其肥西老家仅有半日马程，还乡度岁。第二次是在平定东捻军之后曾短暂乞假回乡半年，旋即归来剿灭西捻。这一次，则是他从军以来第三次回归家乡。

"青年作客喜归还，车马纷纷入故关。"家乡总是每个人心中最柔软的一块地方。当刘铭传的双脚再次踏上这片他熟悉的土地时，他的身体与精神都流露出一股愉悦。他是从这里走出去的，现在又返回了这里。大潜山依旧嵯峨耸立，妻妾幼子，乡里乡亲，一切都是那样的平淡与温馨。如今衣锦还乡，刘铭传决定这次回来他要续修《刘氏宗谱》。

1870年（同治九年）6月，天津教案发生。事情的起因是1870年四五月间，天津发生多起儿童失踪绑架的事件。6月初，天气炎热，疫病流行，育婴堂中有三四十名孤儿患病而死，每天都有数百人到坟地围观，挖出孩子的尸体查看。于是民间开始传言怀疑外国修女以育婴堂为幌子，实则绑架杀死孩童作为药材之用。

1870年6月20日，一名被居民扭送官府的匪徒武兰珍口供中又牵连到教民王三及望海楼天主堂。于是民情激愤，士绅集会，书院停课，反洋教情绪高涨。1870年6月21日清晨，天津知县刘杰带人犯武兰珍去教堂对质，发现该堂并无王三其人，也没有武兰珍所供的席棚栅栏，"遍传堂中之人，该犯并不认识，无从指正"。

谢福音神父与三口通商大臣崇厚协商育婴堂善后处理办法。但当时已经有数千群众包围了教堂，教堂人员与围观的人群发生口角，引起抛砖互殴。法国驻天津领事丰大业要求崇厚派兵镇压，没有得到满意的结果。在前往教堂的路上，与知县刘杰理论，怒而开枪，打伤了知县的远房侄子刘七，民众激愤之下杀死了丰大业及其秘书西门，之后又杀死了10名修女、2名神父、2名法国领事馆人员、2名法国侨民、3名俄国侨民和30多名中国信徒，焚毁了望海楼天主堂、仁慈堂、位于教堂边的法国领事馆，以及当地英美传教士开办的其他4座基督教堂。破坏行动持续了3个小时。1870年6月24日，外国军舰来到天津，七国公使向总理衙门抗议。

清廷一方面先后派曾国藩、李鸿章赴津谈判办理此案；另一方面准李鸿章所请，起复刘铭传帮办军务，准备与法国及其他国家借此开战。

刘铭传修谱尚未完成，便只能惜别家乡父老，匆匆赶至京津。他于同治九年九月从家乡赶到沧州铭军大营，不料天津教案却以清廷屈从了结。同年十月，刘铭传又被清廷派以钦差大臣督办陕西军务，准专折奏事。当时湘军出身的原闽浙总督左宗棠以钦差大臣督办陕西军务，且同"回军"作战多年，方显有利势头，本能认为淮系插入西北属于摘桃抢功，因此对刘铭传此行极为抵触。然而，使湘淮两系互相监视、互相牵制，正是清廷的用意和目的。

刘左交恶，有人说是因为刘左均不服于人的高傲心性使然，也有人说是刘铭传尹隆河之役种下的恶果致使湘淮两系矛盾升级。其实，究其原因，终归要落到刘铭传与左宗棠同样作为汉族地方精英的晋升道路不同上。

清朝政府在咸丰、同治年间，对外有英法联军的侵迫，内部则先后遭遇到太平天国及捻军之乱，军事上屡遭败绩，纲纪解体，几将不国。幸而有曾、左、胡、李等一班中兴名臣先后出力讨平乱事，国家大局方才转危为安。其时，清政府就有的满洲八旗和绿营军队，已经丧失了作战的能力，代之而兴的是

左宗棠画像

曾国藩、左宗棠所统率的湘军与李鸿章所统率的淮军。然而，湘军多用文职领军，如曾国藩、左宗棠、彭玉麟、刘坤一、曾国荃等都有功名在身，有功名便意味着可以授予文职，以文职领军，可升补道府藩臬督抚等实缺。据统计，湘军前后出了14个总督、13个巡抚，这种情况是极少见的。而淮军则不完全一样，淮军除了李鸿章家族以外，用文人以文职领军的情况相对少得多，之后做到督抚的将领也少得多。以文职领军的将领比较有名的只有张树声、潘鼎新、刘秉章，而刘铭传、程学启、吴长庆等只能走武职一途——从都司升到提督，却很难有进一步发展的机会。而在清朝末年，武职冗滥，据说一品的武官还不如三品的文官有地位，即便是头品顶戴的提督，也不免被一般文人视作"武弁"，刘铭传在诗中就多有牢骚：

我生性不羁，欺侮亦甘受。济世重经纶，自惭无抱负。

不幸入官场，奔劳日日忙。何曾真富贵，依旧布衣裳。

左宗棠虽然也是通过特殊的办团途径入仕，但因为是举人出身，以文职统兵，督军西北之前已经做到了闽浙总督。左宗棠性情狂傲，世所周知，常常自诩为"老亮"（诸葛亮）。刘铭传督军西北原有淮系抢功的意味，且其本人是没有功名的，又有尹隆河之战与湘军结下的仇怨，平日连曾国藩、李鸿章都不放在眼中的左宗棠对他的态度可想而知。

同治十年（1871年）四月四日，清廷密旨刘铭传打探左宗棠军情，随时密报。刘铭传则就势于四月二十四日上《密陈左宗棠军情》奏片，贬低和诋毁左宗棠西北平回的战绩，这引起左宗棠的极度不满。

在派系林立的晚清官场，互相排挤、彼此掣肘之事实在是司空见惯，即便像左宗棠、翁同龢与刘铭传这样的名臣也不例外。大概是厌倦了官场中的相互倾轧、尔虞我诈，加上的确有病在身，刘铭传心中已有了这样的想法：

解甲归乡去，入山种翠薇。何须老大返，依旧少年归。
朋辈疏音问，官场任是非。此身欲闲散，故与宦情违。

于是，七月初九刘铭传上奏朝廷，称其因"头风肝气""坐卧难安"，请求告假回乡调治，将铭军委托于帐中将领曹克忠统率，此时他并不知当时的这一决定会为他之后的仕途埋下重大隐患。

刘铭传回到家乡不久，突然接到朝廷诏书，称驻守乾州的铭军发生哗变，曹克忠弹压不住，逃走众多兵丁，朝廷便将刘铭传革职。在家休假的刘铭传听闻此事大惊失色，奈何事已至此，辩解也徒劳无益，只是胸中难免苦闷。

自此，年仅35岁的刘铭传开始了他长达13年的赋闲生涯。

## 诗书风流　不觅封侯

大潜山依旧林壑苍莽，古木参天，流水潺潺，山势连绵。

从25岁兴办团练离家征战，到如今已过去了整整10年。当年刃豪揭竿的毛头小子，在后续的峥嵘岁月里杀伐决断，逐渐成长为登坛一呼千人簇拥的中兴名将，岁月脱去他稚嫩的外衣，为他披上成熟坚韧的华裳。此时，35岁的刘铭传正值壮年，虽然此次被革去职务，但回到家乡，与妻儿朝夕为伴的日子同样使他心中有所慰藉。他坚信，朝廷不会忘记他，如今赋闲在家只不过是一时的龙困浅滩，是人生道路上的一次挫折，更是一次磨炼，他所能做的就是韬光养晦，充分利用起点点滴滴的时间，为将来的一飞冲天做好准备。

人生百年，前进的道路不可能总是一马平川，偶尔的挫折与磨难更是对我们心性的一次考验，只有对自己充满信心，不气馁、不哀怨，抓紧一切时间充实自己，才能在机会来临的时刻牢牢把握，从而实现人生的跨越。毕竟，上天只眷顾有准备的人。

据说刘铭传还乡之前，李鸿章曾嘱咐他"多读古人书，静思天下事"，"陶融根器"，"敛浮气而增定力"，告知"后数十年之世界，终赖扶持"。近十年的时间，刘铭传广泛阅读西方书刊译本，结交洋务派及经世派文人名士，开阔了眼界，在济世、治世见识和才能方面有了质的飞跃。他曾断言："中国不变西法，罢科举，火六部例案，速开西校，译西书以厉人才，不出十年，事且不可为矣！"不过这是后话了。

　　既来之，则安之。既然已经赋闲在家，刘铭传便也开始放平心态，将自己当作家乡的一名普通士绅，过起了优游林下、诗书风流的闲散日子。少年离家壮年回，如今虽然被革职，然而爵位还在，他也算是衣锦还乡，刘铭传琢磨着利用这段赋闲在家的时间为家乡做一点事情。事实上，在赋闲的13年里，他读书作诗，办肥西书院，置房地田产，修庙建祠，赈济乡民，的确做了许多实事、好事。

　　刘铭传回乡后的善举中最为人称道的应该是创办肥西书院。刘铭传深知读书学习的重要性，为回馈乡亲父老，也为肥西培养更多的可造之才。他在回乡的第一年（1871年）就着手倡导创办书院事宜。他联合淮军名将、同是老乡的张树声，周盛波、周盛传兄弟和唐定奎等共同出资兴办。书院建成后，有房百余间，置租田约1300余石，被作为塾馆和合肥西乡考童生之用，其间刘铭传曾在此潜心督学，并请饱学之士（名曰山长）主持书院。

　　为表重视，刘铭传更是邀请李鸿章亲赐"聚星堂"三个大字，高悬于正厅，大门上则有左宗棠题写的"肥西书院"四字和"林壑西南美，风云上下交"的门联。刘铭传则亲自题写了"讲武昔连营，五百里，星聚群贤，洗甲天河，共仰肥西人物；论文今筑馆，二三子，云程奋志，读书山麓，毋忘年少英雄"的对联，悬挂在两边的门墙上，字体洒脱清健，颇有英雄少年之刚健之气。

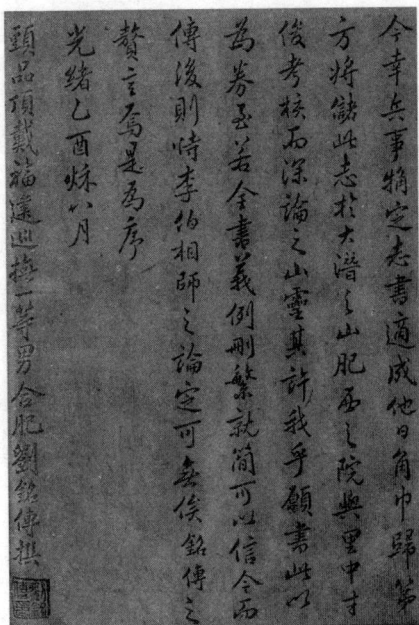

刘铭传笔记

在逶迤的群山之中，肥西书院占据了一个恰当的位置：东临紫蓬山，西倚大潜山，南望独星山，北靠周公山，群山环抱，绿水静悠，安静祥和。在此读书，朝闻鸟语，晚听风声，可观山间之朝岚，可揽明月之秀色，悠然忘机，读书之乐，远胜于今昔！

这所书院历经风雨，辛亥革命时期，曾被改办成洋学堂；抗战期间改为中学。建国后，由于种种原因，这座先人遗留下来的学府被破坏殆尽，至20世纪70年代，肥西书院的原貌已荡然无存。如今，这里又重建起来一所聚星小学，也算是传承了一点余脉。

刘铭传年轻之时颇有种初生牛犊不怕虎的冲劲儿，当年在家兴办团练，曾将大潜山庙数十尊铜佛像熔铸成铜炮，这才将刘老圩的名声一炮打响。光绪十七年（1891年），刘铭传自台湾辞官回归故里，便重新修葺，将佛像又一一铜铸复原，更为辉煌壮丽，并在此留下了几副颇有意味的对联：

十载河东，十载河西，眼前色相皆成幻；
一时向上，一时向下，身外功名总是空。

又联：

往事不堪论，眼看金身再塑，个中人、酸甜自别；
昔人多不见，面迎皓月一轮，天下事、褒贬由谁。

又联：

万户侯、何足道哉！听钟鼓数声，唤醒四方名利客；

三生约、信非虚也！借蒲团一块，寄将七尺水云身。

言辞间颇有一种看透世事的自嘲自叹与朗阔胸怀。

他还在大潜山庙东边修建了一所文昌阁。阁临悬崖峭壁，风景奇丽，可惜如今已不复存在，仅留下一首楹联仍为今人咏叹：

> 孝友肇先传，共尊学究天人，笔参造化；
>
> 诗书敦后进，同献楮香鼎鼐，桂酒觥筹。

除了为家乡做贡献，刘铭传同样为刘氏宗族今后的发展兴盛埋下了伏笔。他主持了第四次重修刘氏宗谱的事宜，并出资捐建义庄，帮助那些贫苦的人。

刘铭传故居

刘铭传还在故乡修建了一座新居，取名为"大潜山房"，规模宏大，占地百余亩，四周修有水壕，以两座吊桥与圩外相通。他在大门两侧亲自撰联："解甲归田乐，清时旧垒闲"。当年的戎马倥偬似乎已经远去，如今的刘铭传脱下战袍，穿上长衫，俨然不再是当年叱咤风云的一代名将，而是一位诗酒风流的文人骚客，他更自号为"大潜山人"。

刘铭传终其一生都非常重视读书，更重视对年轻人的教育。他在大潜山房里修建了读书楼，闭门读书期间，不仅熟读经史，更对西洋科技分外关注。他对族中子弟的学习同样抓得很紧。在大潜山房西侧有一大片水域，中间有座占地二三百平方米的小岛，他为其命名为读书岛，每到天气晴暖之时，他就让家人用小船将族中子弟送到岛上读书，直到傍晚太阳快落山的时候才将他们接回。自己则坐在读书楼上，一边读书，一边听着相隔不远的小岛上飘来的琅琅读书声，心中充满了对后代子弟的莫大期许，十分快慰。

他在大潜山房中还建一盘亭，专门用于收藏"虢季子白盘"，自撰嵌字联"盘称国宝，亭护家珍"。他还与"合肥三怪"王尚辰、朱景绍、徐子苓等频繁交往，彼此唱和，相互濡染。

诗书唱和，文采风流，宴饮达旦，馈赠乡亲……从表面看来，这一切举措似乎都在表明刘铭传正沉浸在"争睹景星庆云为快，乐居廉泉让水之间"的乐趣中，殊不知国家危亡、社稷重任从未有一刻离开过他的心头。据说，刘铭传闲居在乡，虽"常角巾往来于秦淮上，乐诗歌琴管十年，倏然若忘天下"，然而唯独"酒酣太息"之时，会"忧国外患辄孤啸不忍言"。

在赋闲在家的十余年中，他时刻关注时事，留心洋务，潜心研究，阅读了大量的西方书籍和报刊，即便是国内维新派思想家的著作他也不曾错过。可以说是足不出户而知天下事。

此外，他还结识了诸如徐润、薛福成、吴挚甫、马其昶等有识之士或进步的知识分子，与他们彼此交游切磋，刘铭传的思想境界大为开阔，维新改革思想日趋坚定，他对朝廷内的一批顽固派、清流派十分鄙夷，认为他们太过教条，是"国家蠹虫""人世蟊贼"。

据说他还曾庇护了几名太平天国时期的人员，并对早年镇压人民起义的作为似有所反省，将其攻打太平军、捻军的公文奏章"一火炬之"。但事实如何，如今已不可考。

正所谓"位卑未敢忘忧国"，身在山林，心系天下，反而使他抽身而出，站在时代的制高点上，从这纷繁杂乱的世界洪流中抓住了命运的绳索，把握住了天下大势！他敏锐的目光穿过大潜山缭绕的云雾，直直穿透了紫禁城的黑夜，潜伏着，期待着，抓住第一缕来自东方的曙光。

## 十年磨剑　一朝出鞘

自同治十年（1871年）革职还乡以来，刘铭传在家乡度过了九个年头。

而自19世纪70年代，平定太平军和捻军起义之后，清王朝就奏起了"同治中兴、河清海晏"的乐曲，全然不知世界资本主义掀起了夺取殖民地的高潮，分割世界领土的斗争日趋尖锐。在这个大浪潮中，中国及其周边邻国是外国侵略者角逐的主要目标，国家边患日趋严重。

中国的属国琉球群岛首先被日本占领。接着，1871年（同治十年），沙俄借阿古柏侵略中国新疆而出现的边疆危机，悍然出兵占据中国新疆伊犁九城，并由此向周边渗透，引起中俄关系紧张。之后，日美两国勾结，于1874年（同治十三年）派兵3000人侵入祖国宝岛台湾。1875年（光绪元年）英国人由缅甸北上侵入中国云南边境，演变成了"马嘉理事件"，并在第二年强迫中国与其签订了不平等的《中英烟台条约》，取得深入中国内地甘肃、青海、四川、西藏考察、游历的权益，并让刘铭传经常居住的芜湖变成了安徽的第一个通商口岸。1876年（光绪二年），日本又强迫朝鲜签订不平等的《江华条约》，与俄国一起，觊觎着中国的东北地区。显然，中国的东南、东北、西南、西北各个边疆地区都发生了程度不同的危机，大清帝国处处都敲响了告急的警钟。

然而，面对如此危机四伏的局势，一班权臣和文士却沉浸在"中兴"的假象当中，他们"咏太平、迷歌舞、竞党争、诟西法"，不虑国计，不思抵抗，不图改革，任凭局势一味糜烂下去。

到了1880年（光绪六年），新疆形势因崇厚擅订《里瓦几亚条约》而再度紧张，沙俄在我西北、东北陈兵威胁，又出动舰队在我海面游弋。消息传来，满朝震惊，清政府命李鸿章前去商讨解决，李趁机召刘铭传速速入京，询问方略，稳定局势。

赋闲9年之后，刘铭传终于等来了这个来之不易的机会。他欣喜若狂，希望与壮志又回到了他的胸腔，他似乎看到在未来不远的日子里自己能够再度披挂上阵，报效国家。他的头脑在疯狂运转，如何调兵遣将，如何保证后续粮饷运输，如何改革图强……

一路疾驰，风餐露宿，从家乡到天津后，他再度接到诏书，催促他尽快进京。事态竟紧迫至此！刘铭传怀着迫切而激动的心情再度走进了紫禁城的大门，他觉得这一次朝廷一定不会如同以前那样任人宰割了。

然而，令他始料未及的是，待上殿拜君后他方知晓，朝廷中主和派和保守派的意见已占上风。

"尧之都，舜之壤，禹之封，于中应有，一个半个耻臣戎。万里腥膻如许，千古英灵安在，磅礴几时通！"犹如兜头一盆冷水浇下，刘铭传漠然望向朝中那一班文臣只知争权夺势却丝毫不顾天下百姓死活的丑恶嘴脸，那仍天真懵懂不知世事的小皇帝与高坐陛阶之上垂帘听政的慈禧太后。

"胡运何须问？"恐怕那"赫日"也快要沉寂了吧。刘铭传的心渐渐沉了下去，他已知道事不可为。

皓月当空，刘铭传志忐沉吟。一片花飞减却春，风飘万点正愁人。如今的大清帝国正如那飞花满天的暮春时节，空有华丽外表，内里不过是一个空壳，不过瞬息之间终将凋落成泥。曾经的辉煌早已逝去，帝国迟暮，如今朝政把持于妇人稚子之手，朝中文荒武嬉，只知苟且偷安，不只改革图强。然而，他的内心仍在抗争，因为此次出山实为不易，他仍想尽己所能，为这个破败衰落的国家改变点什么。犹豫再三，他下定决心，转身来到书案前，提笔蘸墨，他要给朝廷上一道奏折。

1880年12月3日，刘铭传慨然呈上这封奏折。这道叫作《筹造铁路以图自强折》的折子，可以说是刘铭传多年积累、长期思考之作，在这封奏折里他请求朝廷修建铁路，振兴国家。赋闲在家的九年里，他对学习西法，推行洋务，实行变革的想法日益迫切，对当时"中国自与外洋通商以来，门户洞开，藩篱尽撤，自古敌国外患，未有如此之多且强"的现状的理解也日益深刻。

在奏章中，刘铭传深刻认识到了铁路对于当时清政府的意义。他认为"铁路之利于漕务、赈务、商务、矿务、厘捐、行旅者不可殚述，而于用兵一道尤为急不可缓之图"。他力陈国家幅员辽阔，北方边界绵延万里且毗邻沙俄边界所造成的危机，而修建铁路之后则可"东西南北呼吸相通，视敌所驱，相机策应，岁万里之遥，数日而至，虽百万之众，一呼而集，无征调仓皇之虑，无转输艰阻之虞"。因此，他建议试办两条铁路：一由清江经山东至北京，一由汉口经河南达北京。他还依据自身多年带兵、走南闯北的经验，提出在兴办铁路时可能会遭到当地乡民士绅阻挠等可能面临的困难。清政府命李鸿章、刘坤一筹商妥议。

奏折一上，立刻掀起了朝野一场关于是否修建铁路的大辩论。刘铭传的建议遭到顽固派官僚张家骧、张楷、刘锡鸿等人的反对。他们指斥铁路有"研制大弊"，"九不利"，"不可行者八"，"有害者九"。如每造铁路"山川之神不安，即旱涝之灾易召"；火车飞行，"路稍不平，则或激轮而全车皆碎"；仿西洋造火车，借英、法等国金钱，无由归还，"诸强邻遂相凌逼，几至亡国"。

12月31日，李鸿章上奏，论证铁路有利于用兵、收百金、拱卫京师、漕运、通讯等九个优点，支持刘铭传修路建议。李鸿章希望"当路大君子"洞悉天下中外实情，不要仅凭道听途说胡乱决策误国误民。愿望诚然是好的，但悲哀的是，许多的士大夫们并没有活在实实在在的现实之中，而是长期固执地将自己安置在圣贤之道里，生活不是他们的信仰，脱离了生活的圣贤之道才是。所以，即使他们告别道听途说，对西方文明作一番切身的实地考察，他们所得出来的结论也仍然极可能是荒谬的。

通政使参议刘锡鸿就是这样典型的例子。刘氏之前曾经出使英、德两国，对西方国家有切身的了解。在此次论战中，刘氏总结铁路"不可行者八，无利者八，有害者九"，得到反对修筑铁路者如李鸿藻、翁同龢、额裕等人的激赏。其出使西方的经历，大大增强了其反对意见的权重。

经过激烈的辩论，清政府最终作出裁定，认为"铁路断不宜开"的观点不无道理，遂搁置修路倡议。直到1887年春，清政府鉴于中法战争运兵困难的教训，才放弃反对修路的陈腐偏见，才有大臣转而奏请筑铁路。洋务派与顽固派铁路之争才算告结。从维护清朝统治的目的讲，洋务派与顽固派是一致的。但洋务派希望在某些方面学习西方，客观上利于社会进步。

由于守旧派的极力反对，刘铭传的建议再度被搁置起来，他在京无所事事，不久就心灰意冷地再次回乡赋闲。

然而，这一次他将不会沉寂太久。四年后，中法之间的战火点燃，刘铭传这把封存了十余年的宝剑终将出鞘，一战扬眉。

# 第四章　驱法保台赴戎机

## 临危授命　奉诏出山

从递交《筹造铁路以图自强折》倡议修建铁路、富国强兵而被搁置，刘铭传再度返乡，如今已时隔四年。当年当朝论战，保守派占了上风，中俄的边疆矛盾暂以朝廷派遣曾纪泽使俄、修改《伊犁条约》而告一段落。

在再度返乡赋闲的四年间，边疆危机不断加剧，而刘铭传则继续接触西学，"静研中外得失"，认为："中国不变西法，罢科举，火六部例案，速开西校，译西书，以厉人才，不出十年，事且不可为矣！"其对当时中国沉疴旧疾的认识与见解已远非普通的士大夫可以比。

1883年12月11日，法将孤拔率领六千人进攻清军和黑旗军防地越南山西，16日山西陷落，中法战争爆发。之后，法军继续向越南北方进攻，孤拔率法国舰队侵入我国领海，京畿震动，台湾危急，合肥籍准军将领黄桂兰在北宁战败自杀，两广总督张树声被革职。1884年6月（光绪十五年五月），中法关系正式破裂。

其实，法国对台湾预谋已久。早在1881年（光绪七年），好战分子茹费理上台组成内阁，下令法军向越南红河下游地区进攻。清政府应越南政府请求，派兵进驻谅山、北宁。黑旗军将领刘永福率领3000余名黑旗军英勇反击，法军被迫退至河内，龟缩其中，不敢轻举妄动。

这期间，中法双方曾在上海进行交涉。李鸿章与法国驻清公使宝海曾有一个《拟议越南事宜三条》。但协定墨迹未干，法国议会认为交涉失败，首先撕毁协议，并改组政府，叫嚷着要与中国决战到底，并声称将要在中国夺取一海岛作为"抵押品"，向清政府"索赔军费"。而法国侵略者所说的海岛就是祖国的宝岛——台湾岛。

侵占台湾是法国侵略者为配合攫取越南主权，扩大对中国侵略而有意挑起的一场战争。它绝不是一个偶发事件，而是早有预谋并经过长期的舆论酝酿和军事准备的。派遣军队占领中国沿海一个或数个重要地点，一则加强对中国的压力，使越南问题的解决能更有利于法方，二则尽可能在中国本土东南方再攫取一个占领地以进一步扩展自己的势力——这一切是法国茹费理内阁的既定方针。茹费理内阁在1883年冬季便已研究决定，将在翌年适当时机发动以攻占台湾岛为中心的闽台海峡战争。从1884年1月到4月，法国先后派全副武装的军舰八舰次，闯到闽台海岸，在福州、厦门、基隆港口游弋示威，这些军舰在我领海内横冲直撞，肆意停泊，有时甚至卸去炮衣，瞄准港口，进行登陆作战的演习，公然派遣水兵上岸挑衅，恫吓手段层出不穷，蛮横要挟，无理取闹。

1884年春夏之交，台湾周遭已经阴云密布，海风中孕育着一股山雨欲来的味道，战争的鼓点敲响在海峡两岸，中法之间必有一战。

就在这千钧一发的时刻，朝廷颁下诏书："前直隶提督刘铭传带兵有年，威望素著。前患目疾，谅已就痊。现值时事艰难，需才孔亟，著李鸿章传知该提督即行来京陛见，以责任使。"

从35岁到48岁，隔着整整十三年的光阴，刘铭传这一代名将终要再度披挂，临危授命，匡扶社稷于危难。

星夜兼程，刘铭传心中激荡，然而他没有先着急进京，而是于1884年6月到达天津，首先拜会了直隶总督、他的老上级李鸿章，在陛见太后、皇上之前他想先听听李鸿章的意见。再度见到李鸿章，刘铭传满怀激动，然而李鸿章却没有想象中的高兴，他愁眉紧锁，有些淡淡地责备刘铭传为何要急着前往台湾与法开战。刘铭传有些疑惑，他试探着询问原因。原来，在李鸿章看来，此次朝廷派遣刘铭传渡海出战于他而言并不是一个好机会，反而有着重重危机。台湾岛孤悬海外，民生凋敝，兵弱饷乏，防务设施极差，况且还有当地蛮夷时时作乱，在这种条件下与法开战，实在是胜负难料。刘铭传本名将之姿，一旦战败，功亏一篑，其前程名声尽毁，而自己也会缺少一大臂助，如此一来实在是一笔不划算的买卖。李鸿章惜才惜身，他建议刘铭传放弃此次赴台作战，由他出面保举刘留在天津，协助其整顿北洋军务，以保全自身。

刘铭传万万没有想到李鸿章竟然会建议他放弃此次赴台作战的机会，他知道李鸿章所言实在是万全之策，中法之战胜负难料，以如今中法军力对比，战败的几率极大，如果战败他将背负的绝不仅仅是朝中攻讦，而是他领军生涯的终结，甚至是历史骂名。望向李鸿章希冀的眼神，刘铭传心下喟叹，却坚定地摇了摇头，婉拒了老上级的美意。

家贫出孝子，国难思忠臣。天津与台湾，一安一危，职位一实一虚。到北洋是帮办大臣，实权在握；去台湾只是以巡抚衔督办军务，日后能否升迁全要靠战功，这一点刘铭传心中自然明白。然而，他始终不能释怀的却是那赋闲13年间的无数个不眠夜晚——"似此星辰非昨夜，为谁寒露立中宵。"令刘铭传喟叹不眠的并非美人，实乃国事。赋闲时，他便时常叹息敌国外患纷至沓来，如今大难临头，为将者又岂能只思一己之私，而不顾家国百姓的死活？而且，他相信这十几年的赋闲时间他并没有虚度，在那些等待守望的岁月里，他遍学西法，静思得失，如今脱胎换骨，他有信心稳定台海局势，还台湾以太平。"文死谏，武死战"向来是文臣武将的归宿，刘铭传自少年起便胸怀天下，颇有抱负。如今的他早已是一品武职，却空有爵位，如要再进一步出任封疆大吏除非有非常之功，而这次出征于他个人仕途而言，虽充满风险却也不失为一次机遇。总体而言，刘铭传辞安就危、避实就虚，正反映出他为了捍卫祖国疆土的炽热情怀和勇敢担当。

李鸿章见刘铭传心意已决，遂不再劝，刘铭传赶赴京师。

1884年6月23、24两日，慈禧、光绪两次召见刘铭传，垂询驱法保台之策。接着，刘铭传上《遵筹整顿海防讲求武备折》，直言当前国家形势、利弊得失，结合实际，诤谏朝廷"上下一心，始终不懈，卧薪尝胆，奋发图存，整存海防，以济当时之急。讲求武备，以立自保之基"，并陈呈武备十条，供朝廷采择：

一是沿海设防，宜分缓急重轻，以期扼要；二是各海口炮台，亟宜改建，以严防守；三是洋面水师兵轮，宜次第筹办，以固海疆；四是长江、太湖水师，亟待改制，以收实用；五是福建船政局、上海机器局，宜加紧整顿，以求实济；六是筹购大批枪炮，以节经费，以免欺蒙；七是稽查军械，整顿矿务，宜特设军器局，以专责成；八是酌裁募勇，参用练军，以节饷需；九是严定赏罚，以求将才；十是设局译刻西书，引导后进，以广人才。

此十条实乃老成谋国之言，更是刘铭传这十多年来持之以恒研究洋务、西法的精髓。他将那无数个日日夜夜苦思冥想得

清刘省三楷书寿字轴

刘铭传书法

出的改革之法倾囊呈上，但求朝廷不再畏难苟安，不再"虽外承严旨，而内托空言"，真正能够谋富强、图久安。

同时，他在奏折中鲜明表达了自己的主战思想。他对清政府一贯妥协退让的"和戎"政策不满已久，列举了"伊犁和而兵费赔偿，天津和而义民受戮，台湾和而琉球坐失，越南和而藩属无存"等现实情况，以大量事实说明"和戎"给国家造成的巨大危害。他认为主和派的主张是剜肉补疮，相反，只有给敢于来犯的敌人以迎头痛击，才能够真正"杜天骄跋扈之忧"。

而且，他在积极主张迎战敌人、反对妥协退让的同时，言辞批判了那些对军事一窍不通，盲目主战的人。他认为"主战者，当审兵将是否可战？器械是否可战？炮台是否可战？兵船是否可战？空谈无补，后祸焉穷"。他认为，作战要做到知彼知己，否则盲目对敌作战的结果必定是"遍地离魂招未得"的惨烈结局。

6月26日，清廷以刘铭传巡抚衔，督办台湾事务。而历史总有惊人的巧合，就在同一天，法国远东舰队成立，法国政府任命海军中将孤拔为总司令，海军少将利士比为副总司令。

在尚未开启大幕的战争中，互为敌国的两军最高统帅双双出炉，刀锋所向，利刃寒光。

## 白衣渡海　终抵台湾

国家有难，匹夫有责。

战火已熊熊燃烧，身为统兵之将，刘铭传知道自己责无旁贷。在接到受封福建巡抚衔，驻守台湾督办防务的任命后，刘铭传于7月4日入宫请训陛辞，之后束装就道，于7月6日抵达天津拜谒李鸿章，筹饷募兵，购置军火，准备赴台事宜。

此时台湾形势日益严峻，刘铭传心中焦急，恨不得立即前往台湾。然而，此时他却面临着多重困难，这些使他无奈之下，只能强自按捺心中焦躁，悉心准备，等待时机。

刘铭传面临的困难之一便是孤身无助，兵饷俱穷。刘铭传在《恭报自津起程日期并遵旨会商情形折》里仔细说明了这一难题：此时，刘铭传的铭军旧部担负着畿辅戒严的重任，难以划拨兵勇前来备战；淮军大将唐定奎接到曾国荃电函，不能调兵远离；广东吴宏洛帐下五营官兵同样不能稍离；而台湾当地驻防兵将虽有两万之多，却是操练不力，器械不精，仓促应战，根本无法抵御敌人，恐怕还会全军覆没。所以，虽然现在事态危急，却决不能急于一时。

第二个困难则是刘铭传即将率军赴台之事已经走漏风声，法军远征舰队已经接到命令，严密监视他的一举一动，阻止他前往台湾；如果贸然渡海赴台，一旦被法军发现，难保不会落得一个船毁人亡的结局。

面临如此严峻的情况，刘铭传一刻也不敢耽误，直奔总督衙门，他知道李鸿章能够帮助他。在李鸿章的调度下，刘铭传从铭军刘盛休处抽调了100名陆军教习、30名炮队教习和4名水雷教习，共计134人。再令铭军原提督王贵扬等十多名将领选募兵勇3000人，配备毛瑟后门枪3000杆，配齐弹药，准备同刘铭传一同渡海赴台。

同时，朝廷也饬令南洋大臣曾国荃及所部龚照瑗等为其调拨前门炮10尊、后门小炮20尊以及银款40万两作为经费。闽浙总督何璟、巡抚张兆栋也遵旨拨银14万两，统统交给刘铭传以备赴台急用。

7月8日，刘铭传正式启用"巡抚衔督办台湾事务前直隶提督关防"大印，又由天津南下前往上海。在此期间，由于清廷已命刘铭传率军即刻前往台湾，因此拒绝了之前法国提出的赔款要求。中法争执又起，隔岸观火的法国驻上海公使赫德终于赢得了一个新的插手中法交涉的机会。他首先会晤了法国驻华代办谢满禄，商量对策后直奔清廷总理衙门。总理衙门大臣伍廷芳、张荫桓出面，命上海道邵有濂与法国公使巴德诺重开谈判。

因此，刘铭传于1884年7月12日抵达上海后，马上意识到形势严峻：法国人已发出了最后通牒，严限在七天之内赔款，并要求清军从北圻撤军。面对这一挑衅，清廷急忙派出两江总督曾国荃以全权大臣的名义在上海与法国公使巴德诺谈判，请求法国将最后期限延长。

刘铭传焦急万分，自己初到上海，装载大批辎重、粮秣、银款的战舰还停留在上海港口，将士们也才陆续赶到上海待命，一个都没有启程。若有风吹草动，不等他刘铭传到达台湾，恐怕就要半途葬身大海。

他紧急召集所部将领商讨对策，最终决定由其侄孙刘朝宗率领大批部队先期渡海，而他则上书朝廷，请求由他作为副全权大臣，参与谈判，稳住法国人，为先期赴台的大部队打掩护。

作出这一决定后，他便装作一副不太情愿的样子拜会了巴德诺。当巴德诺得知刘铭传将作为副手与自己谈判之时，便开始洋洋得意，他认为刘铭传目前要兵没兵，要饷没饷，况且大清国力日下，而法兰西则日益强盛，其实力对比根本是天壤之别，刘铭传如何有胆量前往台湾与法国开战，真是自不量力！于是，他非常高兴地接见了刘铭传。

在见面后的交谈中，刘铭传尽己所能，佯装痛苦疲惫，唉声叹气，他说前往台湾绝非其本意，中法之间如果开战，结局不言自明，何况他赋闲在家十余年，过惯了太平日子，也无领兵打仗的雄心，朝廷让他去台湾主持防务实在是让他异常为难。他小心翼翼地看着巴德诺，请求他能否将赔款的期限延长，只要问题能在谈判桌上解决，他就不用去台湾啦！

刘铭传表现出的懦弱与讨好打消了巴德诺心中的疑虑，他在心里肆意嘲笑着清朝文臣武将的胆小懦弱，他觉得这一次法国一定能在中国大捞一笔。

第二天刘铭传又备下宴席，邀请巴德诺和助手们共进晚餐。觥筹交错之际，刘铭传一味做小伏低①，只谈和谈话题，对赴台与法作战之事只字不提，转移对手的视线。他殷勤地向巴德诺等一行人敬酒劝酒，不断叹息着这次朝廷让他去台湾实在让他很无奈，他期待着这件事情在谈判桌上能够妥善解决。他醉眼蒙眬、摇摇晃晃，一副醉态，没有多久就不省人事，被侍从扶回房间休息去了。

巴德诺久闻刘铭传赫赫功名，一直对他有所防备，看着他好像喝醉回房休息了，于是便派遣侍从偷偷跟在刘铭传的身后，看看他是不是真的醉了。侍从回来禀报刘铭传是被直接送回房间的，倒头便睡，根本没醒来，估计这一两天都不会有什么行动了。巴德诺信以为真，这才放下了戒心。

从饭店出来，外面竟下起了瓢泼大雨，电闪雷鸣，狂风大作，路面上已经一片汪洋。巴德诺得意洋洋地望着漆黑一片的天空，他知道这样的天气是绝对不适合出海的，天公如此不作美，看来刘铭传是注定去不了台湾了。至此，巴德诺已对刘铭

---

①做小伏低：形容卑躬屈膝，委曲求全。

传毫无戒心。

然而，他所不知道的是，看似酩酊大醉的刘铭传在回到房间的刹那间便清醒了过来，根本不像喝醉的样子。他迅速换下身上的衣服，化装成渔民，带领十余名亲兵飞速赶往吴淞口。他们冒着倾盆大雨先乘上了一条小舢板，航行一段时间后，登上了一艘生火待发的军舰，全速驶向台湾了。而在此之前的几天里，他所带来的大批兵马、军械弹药早在刘朝宗的带领下，分批赴台，此时已经全部到达台湾。

明修栈道，暗度陈仓。这一妙计正是效仿了当年三国时期吴国大都督吕蒙的白衣渡江，刘铭传凭借其过人的胆量与智慧，巧妙地迷惑了法国侵略者，佯装胆小怕事，实际在私下里早已安排好一切，只待时机一到，这重重艰险早已无法阻挡他奔赴台湾的脚步。

法国人完全被蒙在鼓里。等到巴德诺在开启谈判的当天，发现刘铭传并没有出现在谈判桌上时，才知道大事不妙。他火急火燎地催促侍从寻找刘铭传的踪迹，而刘铭传却早已杳无踪影。他悔不当初，立刻通知法国远东舰队截击刘铭传的渡海部队，却为时已晚。

海面上波涛汹涌，海天一色，刘铭传迎风站在甲板上，他的心情如同这身旁的波浪一样起伏不定。他望向远方海天相接之处，那里逐渐出现了一座岛屿，丛林遮蔽间难视其葱翠颜色，透过望远镜，他看到岛上的高山与岩石，迤逦延伸，蔚为壮观。他知道那里就是他此行的目的地，是他誓死都要守护的领土，是祖国的宝岛台湾。

这一天是1884年7月16日，光绪十年闰五月二十四日。历史将永远铭记这一刻。

## 整顿防务　基隆首战

烟波浩渺，苍莽怒涛，巉岩叠嶂，烟树历历。刘铭传站在基隆炮台防地，眺望远方，眉宇间难掩哀愁。

从7月16日轻装抵达基隆，刘铭传翌日便巡视要塞炮台，并召集驻防诸将研讨防务；19日进入府城台北，宣布到职任事；又先后穿梭于台北、沪尾（今淡水，位于台北的北部），布置防务。这样的速度和效率在当时可以说是极高的。然而，正如他在离开天津前夕上奏时所说的那样："臣临难渡台，孤身无助，既不克妥筹防务，且恐难控台军。"眼前的情况证明了刘铭传之前的担心并非过虑，台湾的实际情况之复杂混乱远远超出先期的预料。

来台之前他就知道台湾驻防兵丁为数两万，然而器械不精，操练不力，仓促之间难以应战，且大部分驻扎在台南；但相对于台北地区来说，台南的情况已经好过太多。基隆守军不到2000人，整个台北地区包括沪尾、基隆和台北城的守军也不过4500人，力量相当薄弱。而且，此时基隆港口已停泊敌舰数艘，台南的安平、旗后各口均有法国军舰游弋窥伺。"陆营兵单，水师无船，枪械未齐，海口未塞，军情万分紧急。"而原先担任运输所用的"永保""琛航""万年青"和"伏波"4艘破旧兵轮也被调到福建、上海两地，回防遥遥无期。而最令他震惊的则是，作为主要防御工事的基隆炮台仅有5台洋炮，式样陈旧，且炮位地势低下，处于口门之内，不能移动，只能防守正面，难以抵挡敌人从其他方向发起的进攻。

而这仅仅是军备上的问题，更令刘铭传头痛的则是当时的军政关系。湘军老将、台湾道道员刘璈与原任台湾镇总兵、粤籍将领吴光亮"镇道不和，势同水火"，存在着所谓的湘系和粤系之争。后来刘璈奏参吴光亮，将其挤走。但刘铭传率其淮军旧部来台以后，刘璈又采取凡事掣肘的不合作态度，久已存在的湘淮两系的倾轧矛盾又在台湾地区的新环境新条件下变得更加尖锐。当时清朝政府虽然多次下谕严催各省火速调拨军械款银援台，主要的封疆大吏如张之洞、左宗棠、曾国荃、李鸿章等也确实各自拨给了一些，但在数量特别是在质量上远远不能达到要求。这些大臣们还是斤斤计较如何保存自己的实力，对援台以不能损害到自己的主力为原则。醇亲王奕𫍽在其致军机处的函件中就曾感叹地说："近观南北洋不肯拨舰援闽，非曰恐为敌抢，即曰难敌铁舰。"

刘铭传在实地巡视、调查之后，就曾上书清廷，痛陈利害：

惟莅台以来，惨淡经营，不辞劳怨，区区愚诚，妄冀孤岛自强，固七省海疆锁钥。……窃维台湾孤悬海外，为南北洋关键，矿产实多，外族因而环伺。……恨不能倍日经营，保固海疆门户。前车不远，后患方长，曷敢视为缓图，致资强敌？

凡此种种，都说明了当时的台湾在临战前夕，不论是军政协作，还是战备防务等各个方面都存在着严重的问题，而就是在这样的恶劣的条件下，台湾军民仍能够在之后惨烈严酷的鏖战中浴血奋战、毫不退缩，在刘铭传的指挥下进行了极其英勇壮烈的抗争，并取得重大胜利，用自己的鲜血书写了一曲反击法国侵略者和保卫祖国神圣领土的民族赞歌。而刘铭传作为抵御外侮、保卫台湾的一代名将，功勋卓著，彪炳史册，更值得后人铭记。

抗击法国侵略者的第一战爆发在刘铭传接掌台湾防务的第15天。

1884年8月4日，法军舰队副司令、海军少将利士比率三舰进犯基隆，向守军递劝降书，遭到严正拒绝；5日凌晨，法军舰队司令、海军中将孤拔下令由利士比率领舰队用大炮猛轰基隆炮台。

孤拔是一个狂热的好战分子，他始终极力主张通过战争手段以扩大法国侵略利益。他曾经指挥法国侵略军在1883年攻下了越南的国都顺化，胁迫越南政府签订亡国的《顺化条约》，使越南沦为法国的保护国。自此，孤拔被捧为名将，被称为"顺安和山齐战役的英雄"，"赫赫有名而充满光荣的司令长官"。他奉命率军赴台作战，志骄气盈，不可一世，声称"对中国交涉获得解决的唯一手段乃是明确的宣战"，主张对中国沿海多地进行袭击。他认为，台湾孤悬海外，守御薄弱，易于攻占；而且台湾拥有丰富的煤炭资源，可供军舰和兵勇使用。他崇拜拿破仑，并认为自己也将建立如同拿破仑一般的彪炳战功。于他而言，台湾仅仅是他侵略整个华夏土地的一小步，未来他将会在中国北京的紫禁城里铸造起一座雄狮的雕像，让后世永远铭记他的名字。此刻，这个狂妄自大的战争狂人满以为在未来的对台作战中他将战必胜、攻必克！

中法开战，刘铭传亲赴前线督战。声声炮响将基隆海口震得地动山摇，火光流窜间，中国守军将士纷纷躲避。海上浪花飞溅，岸上火光交错。清朝守军毫不退缩，在刘铭传等一干将领的指挥下，向法国军队猛烈开炮。

突然间，一阵轰然炮响炸裂在耳畔，许多中国守军躲闪不及，瞬间被炸飞。刘铭传在战火硝烟间勉力抬头观望，他只看到沙尘漫天间基隆炮台顷刻化为废墟。

法国人的炮火越来越猛，刘铭传心急如焚。在基隆炮台尽毁的刹那，他就意识到此地已无险可守，中国军队的枪炮射程太短，火力又太弱，难以在海岸边上与有军舰强大炮火支持的法军对峙，必须尽快想出办法，避免无谓的伤亡。硝烟战火

基隆炮台旧址．

间，刘铭传的头脑疯狂运转，他瞬间做出决定——撤出海滩，退守山后。

这一决定绝非毫无依据，法国军舰火力强大，射程较远，与其硬拼，我军根本不占优势，如此一来唯有诱敌深入，进入山中，逐渐削减法国军舰的炮火支持，同时又发挥了中国军队陆战、林战的优势，才能够"折彼凶锋"。

率领军队撤出海滩后，刘铭传与湘军将领、陆军提督孙开华共同指挥，分领各营在山后各要隘构筑工事，坚筹血战，以期诱敌。太阳烘烤大地，山间升腾起阵阵雾霭，高温加高湿的环境令将士大汗淋漓，血腥味、硝烟味、汗水的味道混合在一处。然而他们不敢有丝毫放松，在工事建成后便纷纷埋伏在后山的各个角落，等待着最终的收官时刻。

孤拔在顺利炸毁基隆炮台后，看到中国守军不出所料地撤退了，便认为中国军队不堪一击，不敢应战。翌日，他命令利士比继续指挥军队上岸索战，企图一举消灭中国驻台军队的主力，争取建立起陆上据点。

法军集结成小队，依次下船登岸，他们手托精密的枪械，警惕地步步前进。然而，登岸后他们并未受到猛烈还击，海岸上静悄悄的，只听得见海浪拍打沙滩岩石的声音。万籁俱寂间，前方的山林间升腾起浓重的雾气，缥缈如仙境。如此境况，让法军慢慢放松下来，他们认为中国军队一定已经溃散远遁，便越发放松了警惕，开始大胆越山前行。他们并不知道前方恰似仙境的山林间，清朝守军将士正磨刀霍霍，等待着这群不知利害的法国军队进入圈套中。

看着法国军队慢慢进入了山林，埋伏在各处的清朝守军屏住呼吸，他们睁大双眼，估测着最好的攻击时机，以期将这些不知天高地厚的法国佬一网打尽。

就在法国军队四下张望，试探前行的时候，突然间，一声炮火出其不意地在队伍中间炸响，法军大惊，猛然间又是炮声隆隆，绵延不绝，就在他们周围上方的丛林间乍然出现了大批清军士兵，大声呼喊着向法军登岸作战部队冲来。

这次登陆作战，法国舰队只派出了数百人，看着两千多名清军将士如同潮水一般直泻而下，这百余法国士兵早已是两股战战，惊惧仓皇，纷纷逃窜。然而，山间小路狭窄，他们自相拥挤、冲撞，早就乱作一团。

更令他们心胆俱裂的是，根本没逃多远，他们就立即遭到中国军队的三路阻击：总兵曹志忠率领本部在小山坡后发出猛烈炮火；总兵章高元、苏得胜率军突袭法军东翼；已革游击邓长安领亲兵猛攻其西侧。但此时他们所依仗的法国军舰远程炮火已经无法隔山遥击，在失去其火力优势的情况下，上岸法军被打得七零八落，纷纷争抢逃生的道路。

法国军舰就在海边，还隔着一段海面，这些疯狂逃窜的法国人早已顾不上了，他们"扑通""扑通"跳进海中，拼命地向军舰上爬。许多人因慌乱栽倒在水里，后面的人却又涌上，鬼哭狼嚎间堕水而死者众多，可谓是伤亡惨重。

望向法军狼狈逃向海面军舰的剪影，基隆海岸上瞬间爆发出阵阵欢呼。将士们喧闹着，癫狂地鼓噪呐喊，他们拥抱在一起，庆祝着这场前所未有更是从未预料到的胜利！

这一战，清军击毙法国将领3人，斩杀敌人数百，夺得大纛两面和枪械数十杆，就此收复基隆。而法国舰队没有得到任何补充，弹药将尽，在短时间内无力反扑。

中国军队夺取了山后伏击的胜利，刘铭传心情无比激动，一股豪气盘旋在他的胸口，中国军队在被诸国列强的欺侮后终于也一雪前耻！在向朝廷报捷的奏折中，刘铭传心情澎湃，颤抖着写下了这样的文字："仰荷天威，将士用命，有此血战，稍挫凶锋，实足以抒激愤……"

疾风知劲草，乱世显英豪。刘铭传十余年压制，一招出手，整个战场便是风云色变，无人能阻其锋芒。

## 力排众议　撤基援沪

基隆保卫战初战告捷，这场来之不易的胜利好比一剂强心剂，给台湾军民和大清朝廷以强烈的鼓励与信心。光绪皇帝发布上谕，表彰了刘铭传"调度有方，深堪嘉尚，著交部从优议叙"。跟随刘铭传共抗外侮的曹志忠、苏得胜、章高元、邓长安等将领也分别得到不同的嘉奖。慈禧太后听闻捷报也急忙来凑热闹，她掏出3000两白银赏赐给基隆3000多名守卫将士，平均每人不到一两。

就在台湾军民沉浸在基隆首战大捷的喜悦之际，台海局势却急转直下。

孤拔在基隆遭受挫折后，恼羞成怒，命令利比士暂时带领舰队离开台湾海岸，转而准备袭击福建沿海口岸。1884年8月23日，纠集在福建马尾的法国舰队，突然对当地的中国军舰船只、炮台和造船厂等进行猛袭。中国方面担任会办福建海疆事务的大臣张佩纶和船政大臣何如璋等昏聩失职，在当时中法交涉已告决裂，台湾基隆又已兵戎相见的情况下，犹自漫不经心，松懈战备，听任孤拔率领大批军舰入港发炮，坐视南洋舰队福建海军的22艘舰船、马尾造船厂、沿江炮台等全被击毁。福建海军严重挫败，隔海角掎之势已失，这使台湾的防卫更加困难。

法国侵略者并未罢休。9月中旬，孤拔趁法军在马尾胜势余威，率部再犯台湾。法军此次发难，调集的兵力十分强大：有舰船11艘，士兵2500人。9月30日，法军分两队：一队由孤拔亲自率领战舰5艘进犯基隆，另一队由利士比率领3艘舰船攻打沪尾。法军来势汹汹，这次之所以兵分两路同时进攻，为的就是让清朝守军首尾不接，难以同时顾及。而其真正的战略目的则是佯攻基隆，实取沪尾。原因是基隆自从遭到法军第一次攻击后，为杜绝敌军图谋，刘铭传不仅将基隆煤矿的采煤机械设备和所存煤炭或藏匿、或焚毁，而且还凭险扼守，处处设防；

并在城内疏散精壮，如今的基隆几乎是空城一座。但沪尾则不同，它距离全台的政治、经济、军事中心台北府很近，而且地势平坦，水路可达。沪尾失，台北危；台北失，全台将不保。1884年10月1日，刘铭传迎战孤拔，连接沪尾守将孙开华告急文书。据此，刘铭传当机立断，做出了一个惊人的决策——撤基援沪。

刘铭传为什么要"撤基援沪"？在刘铭传当时给朝廷的上疏和给部将的解释中可以看出他的这种战略思想早在初到台湾巡查勘探之后就已成竹在胸，而在之后的基隆保卫战中更进一步坚定。

首先是对基隆战场的分析。基隆位临大海，前方无任何屏障，便利敌舰炮火攻击，但城后重峦叠嶂，有险峻的月眉山、狮球岭诸峰，可以扎兵把守，只要二山不失，则基隆无碍。近代战争绝不能在乎一城一池的得失，只有跳出近海战场，避开船炮，才能扬长避短，发挥隔山坚守、短兵促击的优势。

二是对沪尾和台北府城的分析。沪尾兵单，距离台北府城只有15公里，沿途一马平川，毫无屏障，不像基隆那样，距离台北府城较远，沿途地势复杂。沪尾距离大陆福州又隔海相望，如今福州方面的依仗已失，沪尾的形势就更加严峻。保卫沪尾，就是保卫台北府城，因为全台军装粮饷全部都在台北城内，"倘根本一失，前军不战自溃，必致全局瓦解，莫可挽回"。因此坚决保护沪尾，拥护台北府城，才是固全根本的上策。

第三则是对法军特点的分析。在刘铭传看来，法军远隔重洋，利在速战。只要我军坚持打持久战的策略，断绝他们的粮源和能源，那么他们的军舰久居海中，既无煤炭，也无淡水，不战自困，难以为继。同时，撤出基隆，留一座空城给法军，就是留给他们一个包袱，不仅可以促使他们大部分人登岸驻营，分其兵力；而且我军小部队可以不断予以偷袭，积少成多，歼灭其有生力量。

第四则是对清军实力的清醒估计。台湾没有军舰，无法从海上抵御法国军舰的侵袭。基隆初战虽然取得胜利，但防御工事已全部被毁，急切间难以维修。再加上适逢夏季，台湾地处亚热带地区，天气炎热，时疫蔓延，基隆守军将士病倒大半，唯独剩下1200余人可勉力作战。而沪尾的情况则更加惨淡，能战者不足千人。如今，法军在基隆、沪尾两头同时进攻，首尾难顾，权衡利弊，只有冒斧钺之诛的风险，弃车保帅，撤出基隆，驰援沪尾，固守台北，保全大局。

因此，刘铭传当时做出"撤基援沪"这一战略决策，完全可以说是源于对当时敌我双方客观形势的正确估量和对中国军队长远战略的切实考虑，绝不是当时法国军政头目们一度昏昏然陶醉渲染的所谓"胜利"，更非是畏难怯战而将基隆拱手送给法国人。然而，当时他的这一战略决策却遭到了大多数人的反对和不理解。

当刘铭传"撤基援沪"的命令一下达，几乎军队和基隆各方整个都炸了锅，甚至连远在北京的朝廷也震惊于他所作出的这一决定，许多大臣都认为刘铭传是胆怯了，前后数十封奏疏纷纷上奏弹劾，抨击刘铭传怯战畏难，朝廷也下旨诘问呵责，严厉申饬。

刘铭传的爱将章高元突然收到撤出基隆的命令，立即跪在他的面前，痛苦伏地，以死相抗，他不能明白一向积极主战的爵帅这一次是怎么了，明明上次基隆首战已经取得胜利，为什么这一次要将基隆拱手相让？章高元这一带头，其他许多将领也纷纷跪下，表示愿与基隆共存亡，坚决不退一步。还有的人则担心撤出基隆，朝廷如果知道了会不会对他们做出处罚。

军情如火，时间紧迫，一刻也不能耽搁。看着面前这纷繁混乱的局面，想到部将们的不理解，刘铭传胸中的怒火熊熊燃烧，再也按捺不住，一把拔出佩刀斩断书案案角。他环顾四周，看到众将都惊讶地看向自己，冷冷地说："军国大计，不是你们这些人所能知道的，今天谁要是违抗我的命令，下场就犹如此案！如果朝廷果真要降旨处罚，所有责任我一力承担，绝不连累你们！"说完就下达了撤退的命令，部将们面面相觑，然而爵帅已经下达了命令并立下重誓，他们再也无法违抗，只能回到所部，率领大军有序撤离，留下二百余人驻守狮球岭，以期未来能够收回基隆。

然而，人们对刘铭传的责难远未结束。当地居民对于本国军队未坚持作战而主动放弃基隆的举动异常悲愤，当刘铭传率军退至板加这个地方的时候，愤怒的人民纷纷聚集起来，他们大声高呼："不准撤出基隆！""刘铭传是个汉奸！是卖国贼！"有些胆大的民众竟然围住了刘铭传乘坐的轿子，捉着刘铭传的头发将这个职任巡抚、手掌军权的部院大臣从轿中拽出，进行殴打责骂。看着爵帅遭受此等奇耻大辱，刘铭传的部下护卫都红了眼睛，当他们准备武力弹压的时候，却被刘铭传及时制止了。他环顾周围那一双双愤怒的眼睛，他知道这些对他的愤恨与殴打都是对自己战略布局的不理解所激发的，如今大敌当前，稍加不慎，就可能引起民变，坏了整个台湾大局。况且，从台湾民众的过激反应中，他看到了台湾人民热爱祖国、热爱乡土，敢于抗争抵御强敌的勇气与热忱，民意无他，民气可贵，民心可用啊！所以，刘铭传制止了亲兵的武力弹压，忍辱负重，镇定自若，耐心地向周围围攻的百姓做了简单的解释和说明后，便率军继续前往台北府城。

　　盖世必有非常之人，然后有非常之事；有非常之事，然后有非常之功。刘铭传大抵就是这类人物，在金瓯残缺、敌国外患严重的清朝末年应运而生；在法军来势汹汹、台湾最为危急的情况下，奔赴前线，临难忘身；在战局复杂、敌强我弱的情况下，他们的眼光则往往能够穿越那历史的重重迷雾，直指关键；在众口铄金、积毁销骨的责难下，能够忍辱负重，默默承受，只求保得国土不失，只求保得民生安乐。而正是他们这种伟大的战略眼光和博大的胸怀，往往能够挽危难于万一，救万民于水火。

周公犹恐留言日，王莽礼贤下士时。临难忘身，见危知命，刘铭传知道自己责无旁贷。一时的困难与不理解肯定会存在，然而他相信自己，更相信将士与民众们，他知道最终的胜利终究会抹去今天的阴霾，剩下的就是灿烂的晴天。

## 同仇敌忾　沪尾大捷

黑海涛雄一剑寒，北风吹断鼓帆干。
七星屯卫中丞府，八卦旗高上将坛。
一战功成收沪尾，三军血涌饮楼兰。
中朝竟出和戎策，万里孤臣老据鞍。

大凡出现于诗篇的赞颂或感慨，多是作者英雄崇拜或感时忧国的心理投射，上面这首七律便是当年一位诗人为赞颂刘铭传之彪炳战功而创作的诗歌。后人从前六句的字里行间大抵可描摹出当年刘铭传指挥若定、一战功成取得沪尾大捷之时的形象样貌。而诗歌后两句则浩叹清廷之怯战，以致与法国签订和约，造成了中法之战"不败而败"的结局，实在令人唏嘘。

1884年10月1日，刘铭传决定从基隆分兵打击沪尾法军的这一军事行动，不仅曾遭时人"不图进取""避战自保"的非议，而且被督办福建军务之大学士左宗棠严厉弹劾。一时之间对刘铭传畏难怯战的抨击甚嚣尘上，面对如此非议，刘铭传却岿然不动，坚定地执行了自己的战略部署，而之后的实际战况也向天下人证明了刘铭传独到的战略眼光与深谋远虑。

在刘铭传撤出基隆后，10月2日凌晨，孤拔首先命令被围困在基隆海滩的法军向山后的中国军队发出猛烈炮火，虽当即遭到坚决还击，但由于法军势强，很快便开进了基隆。基隆的硝烟尚未停息，尘埃还未落定，狂热的叫嚣还隐约可闻，闯入台湾的法国侵略者却蓦然发现，自己其实已经深深地陷入了困境。在法军大部登岸扎营后，他们才发现基隆几乎已成为一座空城，自从炮台和煤矿被毁之后，基隆港已是一片废墟和荒滩而已。攻占基隆对实际军事和政治意义完全不像他们原来想象和吹嘘得那么有利和重要，此时的基隆于法军而言真实好比鸡肋，食之无味，弃之可惜。

而更令他们料想不到的是，在离开基隆前，刘铭传对留守的军队早有安排。中国军队几乎在撤出基隆之后便立即组织了频繁的偷袭和反击，斗志不仅没有涣散，反而更加昂扬。这些驻守的部队由清军和当地土勇组成，熟悉地形，适应于打伏击、袭营和游击战，虚虚实实，专门攻其不备，进退自如、攻守有序之间还能死缠烂打。而法国军队疲于应对，被折腾得狼狈不堪，更心惊胆战。一时间这批法军只能选择留驻下来，安定当地的局势，无法驰援沪尾的法军。

沪尾的战斗越发激烈。法国的军舰已经增加至8艘，有些是刚从基隆海域调过来的。站在岸上可以清楚地看见法国军舰呈"一"字排开，从南向北依次是"蝮蛇号""拉加利桑尼亚号""杜居士路因号""凯旋号""胆号""德斯丹号""雷诺堡号"和"尼夫号"。各舰的炮口黑黢黢地对准沪尾海口。

护卫保卫战爆发在1884年10月8日，法国军舰挟着在福州大胜的余威，拉开了战争的序幕。

战争初始，法军故技重施，他们打算继续沿用突袭基隆的战术攻打沪尾，即首先用重炮炸毁炮台，接着派兵上岸作战。然而，时隔两月，情况早已发生了惊天的逆转。

当利士比一声令下，8艘法舰炮火齐鸣，对准沪尾各据点的炮台猛烈开火。一时炸弹如雨，烟尘蔽天。在狂轰滥炸了半个小时之后，法军以为港口的炮台已经全部被夷为平地。但结果却出乎他们的意料：当杲杲红日升起之时，法军发现击中的都是炮台边上的物体，沪尾的各炮台依然矗立在那里，而且发出了震天的吼声。第一炮就击中法舰，把一艘战舰的船头桅杆击为两截，第二炮又将其船体击穿。此时中国方面的炮火明显占据了优势，死死压制住了法军的炮火。法国军舰虽然也极力反击，但他们的炮弹却总是落空，统统打偏，根本没有击中炮台。

基隆之役和沪尾之战，时间距离将近两月，但基隆之役时士兵只能坐视炮台被炸毁别无他法，而沪尾之战时，炮台士兵

沪尾炮台遗址

不仅有力还击甚至还占据上风。两个炮台的坚固程度、还击能力、胜负结果可以说是完全不同。这当然不是偶然的。中国军队在撤出基隆之后，已经赢得了相对充足的时间。在此期间，刘铭传将从基隆撤出的部队集中调派，重新调动和配置了驻台各军，征集和训练了民间练勇，构筑了坚固纵深可供实战的工事，架设了刚刚购运到台湾的先进大炮。除了严密围困盘踞在基隆的敌人外，还着重在护卫地区布防以屏障台北。当时，中国官兵气愤于法军侵略，都急切求战，"孙开华、章高元、刘朝祐等昼夜率军分伏海滨林莽，风餐露宿，不敢稍休"。可见当时守军之斗志昂扬。

炮击沪尾炮台不成，利士比命令8艘舰船散开，准备发动登陆攻势，挥军上岸，企图直扑清军，攻占以沪尾炮台为主的中方阵地。而清朝守军不慌不忙，因为在战前，刘铭传等将领已对法军的战略意图和战术措施有了较为准确的估计，并针对法军有可能发动的攻势进行了颇为周密的军事部署。于是依照刘铭传事前授予的"四面埋伏、聚而歼之"的战术，预设了四路埋伏，一路接应，引敌登岸，集中剿灭。

沪尾总指挥官、湘军将领孙开华亲督右营官龚占鳌埋伏在殷港，中营官李定明埋伏在油车，又令后营官范惠意作为后应。章高元、刘朝祐等淮军将领各率营官朱焕明等埋伏在北台山后，以防敌军突袭。浙江候补知府李彤恩则率领由他募集的当地土勇张李成的一营埋伏在北路山间。

李彤恩是浙江候补知府，因为长期不能获得实职，只好到台湾来发展。他在沪尾担任通商委员，"办事勤能，熟悉洋务"，在刘铭传初到台湾布置防务的时候得到其赏识。刘铭传认为他"有智略，然郁郁不得志"，所以劝勉他先协助孙开华防守沪尾，等到仗打完了建设台湾之时，还要仰仗他的才能。

后来，刘铭传命令李彤恩招募土勇，抗法保台，而张李成就是这个时候来到了刘铭传的身边。张李成原名达斌，小名叫作阿火，生于台湾长于台湾，从事梨园一行，在台湾戏曲界颇有名气，有一定的号召力。当他得知刘铭传命李彤恩招募土勇的时候，立即找到李彤恩，要求报名应选。他说虽然他是梨园子弟，然而他更是台湾人、中国人，不想改装易帜成为亡国奴。他的戏迷有上千人，其中颇有一些能射善猎的神枪手，他可以将这批人组织起来，为守卫台湾的清朝军队增加一支生力军。李彤恩被这名普通台湾人的拳拳爱国之心感动，当即允诺他组织一支土勇，并引荐他拜见了刘铭传。

刘铭传对张李成大为赞赏，期待他在沪尾之战中展现神威。所以，此次他率领一支500人的土勇队伍，埋伏在山间，他们个个赤裸着上身，披散着头发，手里握着土枪，口中嚼着槟榔，红色的汁液沾满了他们的面部，看上去颇有些凶神恶煞的味道，等待着法军自投罗网。

战争开始一段时间了，法军见岸边寂然无声，于是在"雷诺堡"号舰长波林奴的率领下，近千名陆战队士兵乘小艇自沙仑东北海岸，也就是今天台北淡水浴场一带登陆，分两路猛扑沪尾炮台。随着几声"砰砰砰"的枪响，埋伏在四处的清军从各自营地壕沟内冲杀出来。法军凭借他们精良武器的抵挡，一度使冲杀出来的清军进攻受阻。章高元和一个姓朱的哨官，"见前军不利，裸身衔刀"，大呼突入敌阵，引起敌军内部混乱。孙开华率领李定明、范惠意所部趁机分途截击，法军力不能支，退到一个小山上结阵抵抗。清军进攻受挫，伤亡较重，刘铭传此时出现在战场上。只见他身穿短衣，脚穿草鞋，骑在马上，亲督后军跟着章高元和朱哨官向法军发起殊死攻击，突然一发炮弹飞来，恰好落在刘铭传身边。他身边的官兵数人当即倒地不起，他的爱马也受伤卧倒，刘铭传摔下马来，众人大惊。

不料刘铭传又踉踉跄跄站立起来，大喊道："人自寻弹，弹何能寻人？"当浑身血迹斑斑的朱哨官被引到他面前时，刘铭传将身上的一件衣服披在他身上，口授命令，破格提拔朱哨官为都司，也就是由排长一下子提拔到团长。他高声赞誉："好男儿就要像朱哨官一样！"将士们立即精神旺盛，士气大振，呼啸着奔向前线。果然，法军阵营内传出一片鬼哭狼嚎的叫声，不少人没命似的往山下奔，向海边溃逃。站在远处的刘铭传用千里镜瞭望战事，脸上露出了笑容。一边的幕僚奇怪地问道："爵帅，法军怎么了？他们遇到鬼了吗？""不，他们遇到了天神！"刘铭传大声笑答。

这"天神"不是别人，正是张李成的土勇。所谓"屋漏偏逢连夜雨"，法军退到的小山处正是张李成土勇埋伏的地方。他们只见这些"天神"卧在法军看不到的草丛中，以右脚做支撑架，翘起左脚，以脚趾扣动扳机，250支枪械齐发，弹无虚发。此时，张李成又率领另外250名土勇杀下山去，法军定眼望去，只看到所有人都散发赤身，满脸鲜血，以为遇到了魔鬼，大骇而退。恰好追敌前来的清军正规部队在这个地方与张李成的土勇部队相遇，做"圆阵包敌"，将敌人困在包围圈中。

这次战斗从早打到晚，清军阵亡哨官3人，死伤兵勇百余人，法军被斩首25人，内军官2人，被击毙的士兵300余人，14人当了俘虏，78人因溃逃不及溺水而亡。法军舰队为掩护败兵溃逃，盲目开炮，击沉己方小轮一艘，并遗下格林炮一门。清军大获全胜，这就是台湾历史上著名的"沪尾大捷"。

沪尾大捷不仅使台湾军民膺服了刘铭传"撤基援沪"的战略，而且使法国侵略者的嚣张气焰遭到沉重打击。

明朝携剑随君去，为民播下太平春！刘铭传站在沪尾炮台的高处望向天边的灿烂晚霞，嘴角挂上了一抹会心的微笑，这名已经48岁的将领在台湾这片热土上也再度迎来了自己人生的春天。

## 法军败归　百战功成

沪尾大捷不久，当时的中外报纸诸如《申报》《字林西报》《南华早报》《巴黎新闻报》等，纷纷刊载消息报道。法国茹费理内阁等一批好战分子对此不知所措，昔日狂妄不可一世的傲气被沮丧取而代之。

屡战屡败，法国远东舰队历经与刘铭传所率领的台湾军民间的几次战斗后，知道台湾岛是一块吞不下去的硬骨头，难以攻取，又深恐清廷此时派兵支援台湾，于己更为不利。1884年（光绪十年）10月20日，海军中将孤拔决定孤注一掷，经法国政府批准后，他发表了封锁台湾所有海口的宣言，法军出动军舰二十余艘，兵力四千余人，限令所有友邦及中国船舶三日内将货物起卸后立即撤离封锁区域，对所有企图侵犯封锁的任何船舶按照国际法及现行条约的规定加以处理，封锁台湾海峡，妄图切断台湾与大陆的联系，困死台湾军民。

法军的这种海盗行径显然暴露了其实力的虚弱，但这种方法的确使台湾蒙受严重损失：文报不通，接济断绝，互市停歇，物资匮乏，物价激涨。一时之间，台湾群情汹汹，形势危在旦夕。而刘铭传却"身为大帅，短衣草履，卧山野战，辄亲自出当军锋"，与士兵同甘共苦，使参战的抗敌战士顿感振奋，"人人皆乐为吾帅死"。

然而，在这种艰辛的条件下，短时间尚可支撑，如果封锁的时间过长，刘铭传起先计划打持久战拖死法军的战略将会被完全打破，即便之后能够打败法军，也是伤敌一万自损八千的结局。怎么才能打破这种封锁？刘铭传陷入了极大的苦恼中。

几天后，刘铭传终于想出一条妙计，那就是借力打力。他立刻找来沪尾通商委员李彤恩，令他将英国领事法莱格请来与其会晤。待李彤恩将法莱格引至爵帅府，刘铭传已准备好了午餐，看着桌上四菜一汤一甜点的午餐，刘铭传显得有些尴尬，他抱歉地向法莱格解释最近法军封锁了台湾海峡，岛内资源匮乏，物资无法运送进来，所以只能以此简薄的午餐招待尊贵的客人。法莱格则气愤地告诉刘铭传英国领事馆的情况比爵帅府的状况更糟，已经很多天吃不上面包了。刘铭传一听，当即命令军士将爵帅府的十几袋面粉送到英国领事馆，此时他试探着问道："先生，面对此种困境，不知贵国与美国方面有什么应对之策？"法莱格告诉刘铭传对于法军的行径，英美两国同样表达了极大的不满，最近几天他们将商讨出一套方案上报国会，来解决现在面临的这种困境。刘铭传当即表示支持，希望英美两国尽快实施。

几天之后，法莱格上报的方案得到批准。一是英美两国以中法两国为交战国，英美持中立态度为理由，禁止法国军舰在香港停泊，更禁止法舰在香港添煤、添水和修理。二是英美两国发表宣言，强烈抗议法舰封锁台湾海峡，声言英美商船将在本国武力的护航下，自由进出台湾海峡。想不到英美两国在此关键时刻横插一杠，茹费理内阁和孤拔等海军将领顿时目瞪口呆。他们向英美等国作出多方交涉，却无济于事。

其实，当法国政府传出准备进攻台湾的消息时，就引起了其他帝国主义列强的关注。因为法国政府发动这次侵台战争还有一个更大的阴谋，这就是以台湾为据点，控制西太平洋，与其他帝国主义列强争夺东南亚地区的殖民地。战争之前，英国政府就指示英国驻华使馆官员格维纳代表英国政府宣称：如果中法战争爆发，势必将给英国在华商人带来巨大的损失，他们希望中法之间能够和平解决争端。英国政府还提出："把中法之间的'争执'交欧洲国家或美国仲裁的建议。"此外，英法两国在非洲殖民地问题上的积怨，更使得英国不满法国方面的种种行动。到了1884年11月下旬，英国政府又出面联合美、德两国，后又邀集俄国、日本、意大利、葡萄牙、西班牙等国，建议统一他们在华舰队的行动，如遇紧急情况，共同保护他们的在华侨民。

英美等国的这些做法，主观上完全是为了维护他们的在华利益，但在客观效果上，对法国政府推行的侵华策略起到了一定的遏制作用。

英美商轮有本国政府撑腰，就置封锁宣言于不顾，以高价代替清廷向台湾运送物资和人员。中国民船也跟在外轮后面将货物、军饷、器械等送到海峡对岸。有的商轮和民船甚至采用夜航偷渡和绕道东南海岸登陆的方式，突破法军的封锁线。1884年11月中旬，当第一批援兵淮勇500人、枪支1000杆、饷银3万两突破重重封锁终于抵达台湾的时候，守卫宝岛的军民热泪盈眶，欢呼雀跃。虽然这次运送来的人员物资并不多，但使他们看到了在自己背后有祖国的支持，他们并不是孤军奋战！甚至清廷10月30日的"刘铭传补授福建巡抚，仍驻台督办防务"的上谕，也是由民船从鹿港间道，到了11月22日才到达刘铭传的手中。刘铭传在上谕发出23天后才知道自己由虚职转为实职。

此时，其他帝国主义国家对法国侵华政策屡屡打击，法国政府进退维谷。英、美、德等国政府甚至派出驻华使节劝说清政府，坚持抗法，不能妥协，必要时他们将提供"无偿援助"。众怒难犯，为了摆脱窘境，法国不得不决定：放弃对台湾的占领，仍从陆路西南边境向中国发动进攻。

之后中法之间再度开启战火，大战小战之间互有胜负，但刘铭传率领驻台官兵与当地民众浴血奋战，同仇敌忾，众志成城，将法国侵略军的脚步牢牢地牵制在台湾一隅，寸步难行。

由于刘铭传在台湾拖住了法军的大部兵力，使清朝军队陆路抗战出现了转机。清政府派广西巡抚潘鼎新率桂军越谅山南下驻扎，又令云贵总督岑毓英率滇军进扎三圻，黑旗军将领刘永福也被清廷封赏为记名提督。法军把大部分兵力投放海上，陆路兵力不足。8月、9月期间，潘鼎新率桂军，连打胜仗，夺取了船头、郎甲一带，完成了预订的战略计划。岑毓英、刘永福也率部坚守中越边境，多次打败法军，使侵略军无法进犯中国境内。到了法军下令不惜一切代价封锁台湾时，他们在陆路的进攻颓势越发明显。12月上旬，岑毓英率领滇军围困法军于三宣城内，法军调集5000人救援，被闻讯而来的刘永福率领黑旗军半路狙击，死伤3000余人。

1885年（光绪十一年）3月24日，法军分三路进犯镇南关，老将冯子材率军反击，"追贼出关，割取首级一百余，伤贼一千余人"，取得了举世闻名的镇南关大捷。在冯子材获胜的同时，刘永福则在临洮打败法军，"克州县数十"。

可以说，刘铭传领导指挥的基隆、沪尾两役及反封锁斗争的胜利，为陆路友军的军事行动赢得了时间，他的英勇抗战，起到了牵制敌人的作用。

刘铭传及台湾军民英勇抗法的行为及沪尾、基隆的大胜，也使全国人民深受鼓舞。1884年7月16日，上海《申报》发表的《中国不可不一战》的社论中说："人心敌忾，薄海皆同"，"我数十年来义愤所激，众志成城，正可借此以纾人心之郁结……"表达了对刘铭传抗法保台的全力声援。

海外华侨也为刘铭传抗法保台的英勇事迹所感动。海外侨胞们积极捐款援饷，支持刘铭传抗击法国侵略者的正义斗争。基隆大捷风闻海外，"唐人无不雀跃"，美国旧金山华侨捐款五十万两，旅日华侨捐款一百万两。香港工人还举行了大罢工，船坞工人拒绝修理受损的法舰，继而运煤、搬运等行业的工人，甚至连人力车夫、轿夫、旅馆差役等也公开表示拒绝为"法逆"服务。

1885年4月4日，《中法议和条约》签订，宣告了法军侵略台湾的战争以失败而告结束。

刘铭传领导和指挥的基隆、沪尾大捷以及反封锁斗争的胜利，显示了中国人民不可侮的英勇气概，表明中国疆土不可侵犯，也彻底粉碎了法国侵略者的如意算盘！至今基隆附近的一片墓地里仍埋葬着七百多具法国将士的枯骨，澎湖岛上的孤拔墓碑见证着这个曾狂妄不可一世的侵略者最终病死孤岛的惨烈结局。一些西方历史学家也认为："只有在台湾的中国军队才能够一比一地坚持与法国人交战，这大部分应归功于刘铭传的精明的准备工作和几位淮军将领的指挥才干。"

　　虽然中法战争最终以"不败而败"的荒诞形式结束了，但中法战争的大捷是清政府同西方列强历次作战中所取得的唯一胜利。近代维新派领袖梁启超更曾作诗赞扬刘铭传领导的这场宝岛保卫战：


甲申之秋方用兵，南斗骚屑桴鼓鸣。

海隅倒悬待霖雨，诏起将军巡边庭。

将军功成狎文忠，高蹈久谢尘轩缨。

国家多难敢自逸？笑挥猿鹤飚南征。

半天波赤驰长鲸，魑魅甘人白昼行。

百年骄虏玩处女，将军飞下万灵惊。

鸡笼①一战气先王，沪尾设险畴能婴。

其时马江已失利，黑云漠漠愁孤城。

忍饥犯瘴五千士，尽与将军同死生。

手提百城还天子，异事惊倒汉公卿。

毋庸讳言，刘铭传作为淮军大将，前半生跟随李鸿章，参与镇压农民起义，但其后半生，特别是中法战争期间，他领导和指挥的基隆、沪尾以及反封锁斗争中的胜利，沉重打击了法国侵略者，为保卫祖国神圣领土台湾，作出了卓越的贡献，对整个中法战争起到了重大的积极作用，所以，作为中国近代史上的杰出爱国将领，他当之无愧！

---

①鸡笼：基隆的旧称。

# 第五章　宝岛封疆抚一方

## 巩固海防　筹划建省

九曲黄河万里沙，浪淘风簸自天涯。

一湾浅浅的海峡，这头连接着祖国大陆，那头牵系着宝岛台湾。曾经的战火硝烟早已散去，刘铭传带领着台湾军民将法国侵略者驱逐出台湾岛，迎来了如今这来之不易的安稳局面。然而，看着历经战火后的台湾，断壁残垣，民生凋敝，经济落后，番民作乱……一系列难题又摆在刘铭传等人的面前。所谓"不破不立"，刘铭传下定决心，借着这次大战胜利后来之不易的时机，重新建设台湾。

中法战争后，清廷充分认识到了国家海防薄弱，更对台湾的重要性有了更深一层的认识。他们从战争中切实体验到台湾一岛关系海防全局，同时又进而意识到台湾不能过于依赖大陆，必须使其具有一定的独立防御能力，必须有大臣专门驻扎驻办，等等。马尾之败，台湾被困，"援台一事，宵旰焦劳"。这些人实际上都为台湾建省奠定了重要的思想基础。

中法和议既成，加强海防建设，势在必行。此时，建议清政府筹措建省事宜的高潮来到了。1885年6月21日，也就是光绪十一年五月初九，上谕："现在和局虽定，海防不可稍弛，亟宜切实筹办善后，为久远可恃之计。著各抒所见，确实筹议，迅速具奏。"台湾孤悬海外，为七省门户，防海必须防台。光绪十一年七月八日，钦命大臣左宗棠上疏："闽省之筹防，以台湾为重地，台虽设有镇道，一切政事，必禀承督抚。重洋悬隔，文报往来，平时且不免稽迟，有事则更虞梗塞。"他以前次法军侵占基隆，封锁海面，"海道不通，诸多阻碍"为教训，力赞袁宝恒在光绪二年的一封奏折中提出的观点："将福建巡抚改为台湾巡抚，其福建全台事宜，专归总督办理。"

当时，列强对台湾虎视眈眈，企图吞并台湾。特别是日本，台湾于它而言在打开南洋通道的地理位置和战略位置等方面尤其重要。左宗棠建议台湾建省的奏折呈上之后，七八月间，"内外臣工条陈台湾善后者，凡十数起"。到了1885年10月12日（光绪十一年九月初五），军机大臣奕譞、总理各国事务衙门大臣奕劻等上奏朝廷："臣等查台湾为南洋枢要，延袤千余里，民物繁富。通商以后，今昔情形，迥然不同，宜有大员驻扎控制。若以福建巡抚改为台湾巡抚，以专责成，似属相宜。"当日，慈禧太后立即决定将福建巡抚改为台湾巡抚，常川驻扎；福建巡抚事由闽浙总督兼管。所有一切改革事宜需要详细筹议，奏明后立即办理。可以说，以此为标志，大清朝廷正式决定将台湾建省。

刘铭传是一位杰出的爱国志士，具有革新思想和实干精神。他目睹了在资本主义列强的武装侵略和经济掠夺下，大清王朝"门户洞开，藩篱尽撤"，"彼族遇事风生，欺凌挟制，一国有事，各国环窥"，赔款制约，丧权辱国。中法战争结束后，诏命刘铭传在台湾办理善后事宜，经过抗法战争，他对台湾在海防上的重要性更为关注。他曾在奏折中指出："台湾为七省门户，各国无不垂涎，每有事端，咸思吞噬，前车可鉴，来轸方遒"，兵奏请开去"福建巡抚本缺，俾得专办台湾事务"。他以国事为重，首先考虑祖国的海防巩固和台湾的各项建设，提出"办防、练兵、清赋、抚番次第举行"的设想，认为："以台地孤悬海外，土沃产饶，宜使台地之财，足供台地之用，而后可以处常，可以处变"，使台湾在海防上"永保岩疆"，财政上"有余无绌"，政治上"和衷共济"，达到政通人和、百业兴盛的局面。

在此基础上，他分析了台湾目前面临的问题。台湾过去海防虚设，练兵"茫无实绩"，"兵滑将贪"；吏治腐败，"久习官场，习气太重"；财政上"豪强之私纳而乞济邻疆"；且岛内"诸番益横，桀不可制"，而"文武吏瞠视莫敢相诃问"；种种积弊，不言而喻。刘铭传认为与其在台湾着手进行的各项事业与发展，必须先易后难，循序渐进。

因此，当刘铭传接到台湾改设行省的懿旨后，他没有盲目服从，而是根据台湾战后的情况和自己的规划，给朝廷上了一道折子——《台湾暂难改省折》。在刘铭传看来如今台湾建省的条件还不成熟，期望能够缓三到五年后建省才是最佳方案。在折子中，他对于善后，特别是战后的政治、经济建设提出了自己的看法："台澎善后，练兵、设防、抚番、清赋诸策，台湾建省之宜缓图"。他的理由有四个：

第一，台湾地区全年收入仅白银90万两，而台湾军队每年的饷银就需要150万两，只有在三至五年开辟财源，使台湾"财堪自立"，方可建省。

第二，台湾"汉番杂处"，存在着很多高山族番社。由于长期以来台湾地方官府没有做好"抚番"工作，导致"台番不相统属"，只有等到将这些番民教化后，才能建省。

第三，台湾虽设省，但全部依靠闽疆为根本，必须与福建连成一气，如同甘肃、新疆之例，才能内外相维。

第四，台湾的海防、陆防事务落后，现在正在加紧设防，只有待三五年后才能看出成效，到那时再建省不迟。

刘铭传的奏折上达清廷，朝廷的态度是积极而谨慎的。虽然对刘铭传提出的财政不足问题，旨令厦门海关每年拨银三十六万两，然而对暂缓改省的意见朝廷的回复则是"著毋庸议"，可见当时的清廷对建省一事态度坚决。至此，台湾建省

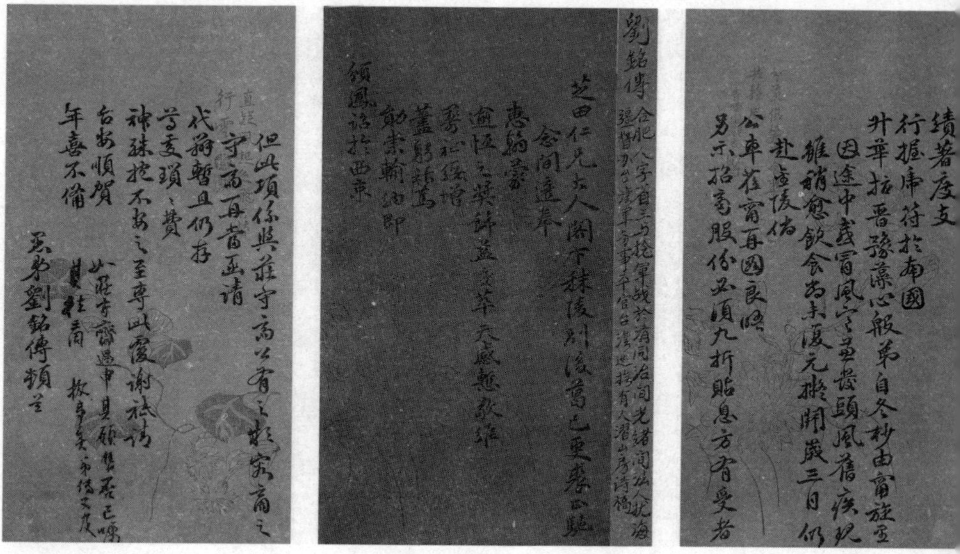

刘铭传信札

已经确定，刘铭传首任福建台湾省巡抚。

对于台湾分省一事，清帝一再督促，而此时刘铭传却乞假养疾。所谓"将在外君命有所不受"，刘铭传认为目前设省时机还不够成熟，然而朝廷已经下旨统一建省，那么他只能利用有限的时间尽量解决最为关键的问题。在刘铭传看来，保护建设台湾的第一步在于巩固海防。

刘铭传命令李彤恩和祖孙、记名提督刘朝干前往欧美，购置当时最为先进的武器。李彤恩得令后立即同刘朝干赶往英国，购置了当时世界上最先进的阿玛士顿后膛炮31尊。当消息传来，刘铭传当即叫人在台湾各海口用铁水泥砌筑了10座新式炮台，其中澎湖4座，基隆和沪尾各2座，台南旗后①处原有1座炮台，又在大坪山和安平各添加1座新式炮台。显然，澎湖的设防是刘铭传的心中大事，因为澎湖"为全台之门户，亦为南北洋之关键。欲守台湾，必先守澎湖，欲保南北洋，亦必先保澎湖"。为此，他叫亲兵传吴宏洛前来爵帅府商议澎湖设防事务。

吴宏洛，字瑞生，安徽肥西人，是刘铭传的老乡。他原本隶属于淮军张树珊部下，张树珊战死后，他就跟随刘铭传南征北战，立下汗马功劳。中法战争爆发后，吴宏洛率部驻守广东虎门，职位是副将，相当于现在的师长或副军长。当他听说刘

---

①旗后：今高雄港。

爵帅"督师台湾，兵单援绝"，希望广东方面能够派出军队支援台湾的消息后，就向上级请愿率部驰援台湾，却被上级严厉训斥后驳回。于是，他一不做二不休，直接辞去副将职务，带着几个心腹，雇了一艘小渔船，伪装成小商人的模样，躲过法国军舰封锁，顶住台海滔天巨浪，冒死来到台湾，为的就是报答刘铭传当年的知遇之恩，以求助他一臂之力。

历经千难万险，吴宏洛终于抵达台湾，望着他憔悴的面容，刘铭传万分激动，拍着他的肩膀说："当年你在我麾下就是'万人敌'，此次你能前来助我，我无忧矣！"他当即叫吴宏洛招募5营兵马，取名为"宏字五营"，奏请清廷批准，派吴宏洛"总统全台各军"。

很快，吴宏洛就来到爵帅府，与刘铭传共同商讨澎湖设防事宜。经过商讨，刘铭传认为澎湖设防由吴宏洛亲自负责最为合适，他将吴宏洛的级别由副将提升为总兵，驻扎澎湖，称澎湖镇总兵。他给吴宏洛安排了三个任务：一是在澎湖妈祖宫处凭海依山建筑城堰，并砌筑4座炮台；二是在各炮台上安置17尊阿玛士顿新式火炮；三是将台湾当时唯一的兵舰"海镜"号给吴宏洛，由他加紧训练，提高"水师宏字三营"的作战水平。刘铭传还告诉他，朝廷已经设立了海军事务衙门，醇亲王奕譞担任海军事务大臣。他已经向朝廷建言："中国海面辽阔，在在须防，请划水师为三路：北洋设于津沽，兼顾奉东各口；中洋设于吴淞，兼顾浙江定海镇海；南洋设于台澎，兼顾广东琼州廉州。"可见，在刘铭传的规划中，澎湖水师的责任十分重大和艰巨。吴宏洛见爵帅思路如此开阔，目标如此宏伟，也不禁激动异常。强将手下无弱兵，吴宏洛得令后很快就将澎湖建设成为一座坚强的堡垒。

1885年（光绪十一年）7月，刘铭传在台北府城北门外建造了一座军械机器局，下设军械所、机器厂、火药局和水雷局，任命祖孙、记名提督刘朝干为总办，聘请了德国人彼得兰为工程师。后来，他又在台北设立营务总处，台中、台南两路设营务处。他裁剪兵勇，整改营制，余员全部移充行政公务人员，并下令一律以欧洲方式整顿和训练军队。军队后勤方面也实行了改革。推行三种制度：一是免费医疗；二是抚恤制；三是存饷制，也就是各营官兵每月发饷，依例扣存5天薪水，等满3年后发还，作为假期回乡探亲的费用。他还在台北设团练总局，重用台湾地方实业家林维源，正式委任他为团练大臣，各府、县、厅设分局，各乡设团，规定团练平时维持治安，战时协助官军御敌。半年之内，台湾海防渐备。

在刘铭传的努力下，台湾的各项建设逐步步入正轨，一时之间，整个台湾岛上各项项目相继上马开工，到处都是热火朝天的景象。通过一系列的努力，刘铭传认为如今台湾建省的时机已经成熟，于是于光绪十二年六月十三日上疏朝廷《遵议台湾建省事宜折》，细心务实的刘铭传在奏章中向清廷提出了十六条有关台湾建省的建议。主要内容为：首先，他认为台湾应该仿照甘肃、新疆之例，如要改设行省则必须与福建省连为一气，巡抚的名称应为"福建台湾巡抚"；其次，台湾的学正，也就是教育厅厅长不需要从大陆派遣，最好由自己这个福建台湾巡抚兼任，以便及时选拔新式人才，建设台湾；第三，台湾的旗后、沪尾两大海关，应仿照浙江的新制度，由原先满族人福州将军管辖改为福建台湾巡抚就近监管，保证台湾财源不外流；第四，澎湖镇和海坛镇对调，设置总兵，以重南洋海防；第五，增设藩司、布库大使以及司狱各一名，掌管台湾的财政、吏治、建设和刑法；第六，重新部署台湾的行政区划，以"恃险与势、分治之道、贵均而平，且防务为治台要领"为原则，在原有基础上，将全台分为南、中、北以及后山四路，全台合计3府1州11县5厅；最后，台湾是新设的省份，官吏的人名，应删除大陆内的旧例，不论学历、不论资格，注重才干和实际，超过三年即准许返回内地，调补优缺。

朝廷很快就批准了刘铭传的提议，至此，台湾全岛的政治、经济、文化中心初步确立，也奠定了今日台湾地方行政区划的基础。

## 一视同仁　招抚番民

中法战争结束后，刘铭传曾在《法兵已退请开抚缺专办台防折》和《条陈台澎善后事宜折》中针对台湾当时的实际情况，提出一个分步实施、循序渐进的改革方案。其一，"一切设防、练兵、抚番、清赋诸大端，均须次第筹办"；其二，"设电、购轮、造桥、修路，以通南北之邮。理屯、兴垦、开矿、取材，以兴自然之利"。这个方案恢廓雄伟而富有远见，与其上司李鸿章由自强而求富的洋务思想在实质上有异曲同工之妙。

然而，仔细探究四大急务，似可合并为三大要政；设防和练兵是为军政；清赋是为财政；抚番当可列入民政。设防以御外侮，抚番以清内患，清赋以裕饷需，三者相互周济，彼此援应，牵一发而动全局。如今，设防练兵及台湾建省都在刘铭传的领导下逐步完成，外患已无，内政的重要性则凸显出来，刘铭传下定决心开山抚番。

台湾的高山族人几千年来一直过着半原始状态的生活。由于开化较晚，文化较低，遂被人们称为"番"。他们主要分布在中央山脉及东南部沿海地区，自北向南，有泰雅、赛夏、布农、曹、鲁凯、排湾、卑南、阿美、雅美等支系，不通汉族语言，也不与外界往来交流。从荷兰人、西班牙人到郑成功，历代统治者在征服他们时，屡屡遭到剧烈抵抗，损兵折将。

17世纪晚期，在康熙帝的雄才大略下，台湾正式纳入清朝版图。他们把高山族分为"生番"（没有归化的番人）和"熟番"（已经归化的番人），而"生番"有一风俗，就是喜欢"抬郎"（杀人），谁家屋子前挂的骷髅头多谁就被视为英雄。

大一统的封建王朝本来十分利于民族的接触和交往，但

《刘铭传招抚台民图》

106

"清廷守陋，不知大势，越界之令，以时颁行"，他们在汉族与高山族交界之处设立界石，实行分而治之，番人不准进入汉人地界；还规定"汉民不得擅娶番妇，番妇不得牵手汉民，违者则行离异"。这一切使得台湾"生番"和汉族之间的分野和隔阂益愈加深。

步入近代，东西方列强垂涎台湾日久，每每将"番土""番民"问题当作挑起事端的借口，这一点在中日关系上表现得尤为明显。1871年（同治十年），琉球太平山船在台湾南部北瑶湾沉没，船上50多名船员凫水上岸，被牡丹、高士佛两社原住民抬了郎。日本以宗主国之名出面交涉，清政府吏部尚书毛昶照答以"生番化外"，如有杀人劫掠，与我国无关；琉球是我属邦，人民被害不烦贵国过问，等等。日方不满，拟发兵台湾这无主野蛮之地向生番问罪。之后，日方又派出水野遵、福岛九成等人潜入台湾搜集情报、测绘地图，深入土著部落收买结交首领。台湾道以"牡丹社系属番界，彼自寻衅，在我势难禁止"为由不予过问。1874年（同治十三年）5月10日，日本侵略者在台湾南部琅峤登陆，22日大举挺进出入牡丹社必经之地石门。6月2日，又兵分三路进攻牡丹社和高士佛社。两社民众据险抵抗，战况激烈。清政府于5月14日派福建船政大臣沈葆桢率领兵轮驰援台湾。沈葆桢到台湾后，增兵力，添炮台，周密布防，晓谕番社各安其业，设防保护，日军渐趋不支，寻求和解。清政府最终以赔偿白银50万两作结。牡丹社一战看似由番民挑起的偶然事件，实际上是日本对中国在台湾主权和领土完整的一次挑衅，是蓄谋占领台湾的一个强烈信号。

沈葆桢"视师台湾，奏请开山，经营新邑"，并"创议开山抚番"。沈葆桢之后，吴赞诚、丁日昌等有远见的官员都曾在开山抚番这方面进行过努力，然而进展极度缓慢。沈葆桢曾言"创议开抚十余年，才得卑南、恒春一厅一县"，到最后都不了了之。

列强对于台湾的觊觎引起了清廷的警觉，"抚番"才作为整合岛内防御力量的一项措施提上日程。因此，可以说刘铭传到台湾之前，番情颇为复杂，番、汉争端层出不穷，官府疲于应对，形势难以驾驭。其推行新政之路也是一路坎坷，充满了开拓者的艰辛和彷徨，所幸其抚番政策开风气之先，颇有建树。

刘铭传"抚番"的构想是在中法战争结束后处理善后事宜的时候逐步提出的，随着台湾时局的变化，也在不断地进行相应调整。关于刘铭传"抚番"思想和具体实践，可以理解为三个步骤。

"抚番"伊始，刘铭传就做好了周密细致的准备工作。刘铭传任台湾巡抚期间又兼任抚垦大臣，在台北设置抚垦总局，以林维源为帮办，协助办理台北抚垦事务。总局下设八个分局，分区办理各地垦务。他还在总局和所辖分局内"设翻市司事，专理贸易，振兴茶脑，充其经费"。接着，他将全台番地分为三路：自埔里社以北至宜兰为北路，以南至恒春为南路，台东一带为东路。他又根据"番社"的情势、分布状况和地理特点，将"番地"具体分为前山、内山、后山和北路、中路、南路，据此制定相应的"抚番"政策和方案。再次，由于台湾县与县之间路途较远，往返需要数日，不便于管理，于是刘铭传将建置工作和"抚番"相结合，划清疆界，分设郡县。为了使"官易临民，不致有驾胜之虞；民易亲官，不致有难通之隐"，所以他增设了云林、苗栗二县，以便更好地服务于"抚番"工作。

其次，刘铭传认为，台湾之番，"得其地可以耕，得其人可以用"，"理番之事，台湾之大政也，成败之机，实系全局"。他认为番人如野兽，善于藏匿，难捣其巢，因此他采取了招抚为主、剿抚为辅的手段，怀德而来，期望促使番民和番社能够知惧知感，倾忱向化。

他针对不同番民、番社的具体情况，采取了不同的对策和手段。对于生性较为温驯、基本能够安居乐业的番社，不急于收抚，顺其自然渐渐感化。

对于占据险要位置而拒绝被招抚的番社，如大嵙崁东南竹头角、猫里翁等社，都是先以兵威震慑其锐气，再劝谕感化使其归附；对于主动要求归抚的"叛番"和罪重却真诚出降的"之番"，则宽宥、赦免其罪过，使其感念朝廷威德而被招抚；而对那些嗜杀成性、顽固不化且屡降屡叛的番社，则抛出重兵围剿，杀鸡儆猴，震慑诸番。在这一类中最著名的就是马来诗昧案和吕家望事件。

先说马来诗昧案。台北内山有一个"生番"部落叫作白阿歪社。马来诗昧就是这个番社的社长。1887年（光绪十三年）10月，朝廷将新改制的"福建台湾巡抚"关防以及添铸的布政使、布库大使、按司狱的3颗大印运送到台湾，在路上他们遭到了马来诗昧番社的土著居民袭击，差点儿丢了关防和新印。马来诗昧这次袭击护印使团却没有抬到郎，就在返回途中与采制樟脑的汉族工人发生纠纷，一下杀死了十几个人。消息传到台北府城，刘铭传决定亲率大军前往围剿。马来诗昧与妻子听说爵帅亲率大军平叛，十分惧怕，主动负荆请罪，表示要率部归化。

对于这个犯有重罪的人，爵帅府的幕僚和将领都主张杀无赦，也有人主张杀了马来诗昧，但赦免他的妻子。刘铭传反复思量，辗转反侧，最终力排众议，决定赦免马来诗昧和妻子。他认为招抚"生番"的工作刚刚启动，必须让全台的番民知道朝廷是真心诚意地愿意招抚他们，正好借着这个机会表达诚意。他想到了当年三国时期蜀国丞相诸葛亮为稳定蜀国边境，对西南少数民族头目孟获七擒七纵，最终感化孟获，使其真心归顺，这种做法于此时的台湾而言很有借鉴意义。

马来诗昧得到了宽大处理，非常感激朝廷及刘铭传对他的既往不咎，发誓"不抬郎""不复叛"，并愿意协助刘铭传进行招抚其他番民。几天之后，马来诗昧果然不负众望，说服了台北宜兰交接的20多个部落和竹家山的17个部落一起前来归化。

而吕家望事件的结局则正好与马来诗昧案相反。1888年（光绪十四年）8月，台湾平埔族族民以武力反抗卑南抚垦局，之后逐步发展成为花东纵谷各番社的坪埔西拉雅族、阿美族、卑南族和客家垦民联合反抗清廷的抗暴事件，平埔族民攻下了抚垦局，并造成委员雷福海、司事翁源和局书何茂等人死亡，影响极为恶劣。刘铭传当即率军平乱，于当年10月弭平事件，严惩作乱番民，以雷霆手段震慑其他蠢蠢欲动的番社。

刘铭传在台期间的"抚番"工作可以光绪十三年四月所上的《各路生番归化请奖员绅折》为界分为两个阶段。前一个阶段以招抚为主，战事不多；后一个阶段则为攻坚阶段，针对降而复叛的番社打了不下四十场仗。这种恩威兼济、剿抚并举的方法颇有实效，到了光绪十三年（1887年）四月，"后山各路凡二百一十八社，番丁五万余人，咸奉约以归。前山各军亦续抚二百六十余社，薙①发者三万八千余人"。光绪十五年（1889年）二月，刘铭传上奏朝廷，"全台生番，一律归化"，"归化生番806社，男妇大小丁口合计148479人"。

"抚番"的第三步则是在番民归化后怎样安排他们的生

---

① 薙：同"剃"。

活，怎样处理他们与汉民、朝廷的关系等问题。

首先，对于归化剃头的番社头目过去的劣行不再追究，反而赠给他们银钱、衣物，或奖以功牌、品衔，过去在"番社"里的威望和地位也得到重新肯定，并被赋予继续管理番社的权力，其子弟还可以到城里来读书。

其次，他保护番人利益，维护民族之间的团结。刘铭传派通事向番民反复讲解政策、条例，使他们懂得归化的好处。当苏鲁等社番目讲述番民有苦难言、官抑不伸的问题时，刘铭传立即撤换罩兰的抚垦委员，另外指派熟悉番情的人取而代之。他严令手下官员，"生番地界，各归各业，不许军民侵占"，如有触犯命令的人定要严惩不赦。同时他还传谕各地，番人不准杀人，也不准汉民聚众报复，同为炎黄子孙，应当亲如一家。

第三，他教授农业耕作，发展番地生产。沟通各番社之间的往来，派人造桥、开路，积极招抚部落开垦荒地，并发展茶叶和樟脑的生产。通过抚垦局，向番民教授农业知识，教其耕作之法。通过清丈田赋，把土地分给番人耕种，尤其是帮助深山的番民，开荒种地，发展生产，使其能够自食其力。

最后，他专门创办番学堂，让他们学习汉文、官话、台语以及起居礼仪，一切都仿效汉人的制度，而且每隔三日就带领他们出游，提高番人知识水平，引导他们多与汉民接触，以此消除其顽狞习气。

他亲自编撰《劝番歌》，令懂番语的通事翻译成土音，由各地抚垦局将歌谣交给部落头目，并派专人教部落男女歌唱，此歌经过口口相传，家喻户晓，代代相传，番民均感恩刘铭传的恩德。歌词质朴，道理清明。

> 劝番切莫去抬郎，抬郎不能当衣粮。
>
> 抬得郎来无好处，是祸是福要思量。
>
> 百姓抬你兄和弟，问你心伤不心伤？
>
> 一旦大兵来剿洗，合社男女皆惊慌。
>
> 东逃西走无处躲，户屋烧了一片光。
>
> 官兵大炮与洋枪，番仔如何能抵挡？
>
> 不拿凶手来抵命，看你跑到何处藏！
>
> 如若你们不肯信，问问苏鲁马那邦。
>
> 莫如归化心不变，学习种茶与耕田。
>
> 剃发穿衣做百姓，有衣有食有钱粮。
>
> 凡有抬郎凶番仔，哪个到老得保全？
>
> 你来听我七字唱，从此民番无仇怨。

## 清赋修路　重农倡商

刘铭传是百战宿将，他在早期镇压人民起义的过程中就注重改良军备，他率领的军队全都使用西洋枪械，可以说他的常胜神话在一定程度上可以归功于洋枪洋炮。但他并没有停留在西洋诸国"船坚炮利"这一认识层面上，而是进而比较全面地了解西方的政治和经济制度。他通过阅读报刊、接触外商等方法，开阔了自己的眼界，渐渐认识到经济在列国竞争时代的重要作用。"古兵家皆以治兵列奇零之数，其正法则在治国"，所以他"雅不以武功自震曝，尤殚精经世之务"。正如他自己所说的那样，平时"居恒目营心摹，思跻国家于富强之列"。

在赴台任职之后，他更敏锐地感到台湾物产丰饶，如果将台湾的资源充分开发当可以自给自足，不需要依靠援助，就此他展开了一系列促进台湾经济自立的改革。

根据中国古代的经济思想——"恒心必根恒产，足食方可足兵"——刘铭传主张"欲自强，必先致富；欲致富，必先经营"。他学习西方先进经验，竭力主张的是各行各业的自主"经营"，因此不同意其他洋务官员一开始就对正在发展中的我国民间资本采取排挤、压制的态度，而是对民间资本给予一定程度的引导和保护。史称刘铭传治台，"不独办防练兵已也。造铁路以通之，行邮船以辅之，振殖产以裕之，辟财源以养之，改内政而新之，设教育以明之"。

刘铭传赞美"西国官商一体，在下无不达之情"的现实，主张"商即民也，商务即民业也。经商即爱民之实政也"，要求政府"举凡丝茶、纺植、垦矿、制造诸大端，招集殷商，广筹资本，妥议保商防损章程，各就所能，分途认办。银钱出入，商自主持，官但察其盈亏，护其艰阻。内地办理得宜，然

114

刘铭传创建的清代机器局制作的钱币

后推之边省，中土行销既畅，然后推及外洋"，并希望清政府能够改弦易辙，讲求商政，发愤为雄。

由于刘铭传是一个拥有台湾全省军政大权的地方官员，所以他的这些思想和改革方案，可以在其任期内得到较为充分的实现。刘铭传在台湾政治经济上较大的改革主要可以概括为：丈田清赋，实行新式邮政，兴筑铁路，兴筑水利、振兴农业，兴办文化教育事业。

为了筹集各项经济建设所需要的资金，刘铭传毅然决然地决定革除积弊，整顿台湾的财政税收，并重点清查问题最多的田赋征收。针对"强者有田无赋，弱者有赋无田"的弊端，他下令全台统一使用"清丈升科"，祛除百余年来包欺瞒田亩数量的陋习。在刘铭传丈田清赋期间，当地的土豪劣绅对他处处阻挠，蜚语流言不断，包括当时清朝的许多大臣也认为他是无端生事，徒惹是非。然而刘铭传不为所动，坚持整顿，最终的结果是台湾的田赋收入相较于之前的增收四十九万一千五百多两白银。与此同时，清理其他税收的工作也取得了一定成效，台湾每年的财政收入从他刚到任时的九十余万，激增至三百万两。台湾财政至此稍平，为他之后筑铁路、购轮船、通邮政、设学堂、兴保甲、制军器、劝农桑等新政的次第推行提供了坚实的保障。

1888年（光绪十四年），刘铭传又对旧有的邮驿制度进行了改革，从而首创了我国独立自主的近代新式邮政。中法战争以后，刘铭传深刻认识到台湾岛孤悬海外，往来文报屡屡遭受风涛阻隔，甚至经常造成两岸长时间不通音信的情况，经常贻误军机大事。因此，他一面积极架设贯通南北台湾的陆路电线和铺设台湾、福建间的海底电缆，另一方面又以"铺递迟缓，奏请改设邮政"的理由，首先在我国开始了新式邮政改革。

他以台湾邮政原有的"站制"为基础，参考当时海关邮政的办法，在台北设立邮政总局，并于当年11月颁布了《邮政条目十二条》和《台湾邮政票章程》，创立新的邮政组织，改旧驿站为邮站，直接隶属于邮政局，不再附属于衙门机构。他规定所有递送公文一律粘贴邮局发放的邮票，即便有衙门印封的物件也不例外。商民的私件和信函，也需要凭借邮票代为传递，收取的邮资以信件的重量和道路的远近为准。从此，邮政局不再像旧式驿站那样仅仅作为官方公文的代递机构，而是官民合用的近代邮政机关了，而台湾的邮政事业至此也初具现代化的规模。

与此同时，台湾的电线电报通讯也取得了很大的进展。1887年12月，两条海底电缆铺设完工，一条从沪尾海口到福州川石山（闽江口芭蕉岛），全长434里，另一条则从台南的安平海口到澎湖的妈宫港，全长196里。到了1888年3月，陆路电报线则全线竣工，起自沪尾和基隆两海口，经过台北府城，到达台南安平海口，全长1055里。全台设置澎湖、彰化、沪尾、基隆、台南、安平、旗后、新竹、嘉义、苗栗、云林电报分局11处。这一开发，使台湾的讯息瞬息相通。

刘铭传在台湾创设邮政制度，在台北设立邮政总局并发行邮票的做法比大陆邮政官局提前了整整8年。

而同样对台湾甚至整个中国而言具有重大意义的一大项目则是兴筑铁路。早在1880年中俄伊犁争端事起，刘铭传就针对我国北方疆域"绵亘万里，毗连俄界"的具体情况，提出修筑铁路，以立自强之基础。如果那时候刘铭传对铁路的认识，仍强调其在军事方面的作用，那么在中法战争之后，刘铭传出任台湾巡抚提议兴建台湾铁路时，他不仅指出"台疆千里，四面滨海，防不胜防，铁路一成，则骨节灵通，首尾呼应"，更进一步指出台湾"分省伊始，极宜讲求生聚，以广招徕。现在贸易未开，内山货物，难以运出，非造铁路不足以繁兴商务，鼓舞新机"。他强调兴筑铁路与全台商务的兴盛之间有不可分割的联系。因为铁路兴修自后，火车势必用煤炭作为动力，这可以为台湾的煤炭增加销路，而煤炭主要利用火车运输，随之一定可以成为铁路货运的主顾，又增加了铁路经营的项目，因此他指出煤矿和铁路有相互促进的作用，相辅相成，各得其所。

在刘铭传看来，台湾筑造铁路还有着它不同于内地的有利条件，那就是台湾有着较多的对外贸易联系，所以风气与内地情形迥然相异，反对修筑铁路的保守势力远远弱于大陆。但是当时台湾修筑铁路仍然有很大的困难。

最大的困难在于资金短缺。刘铭传在华侨中物色商民来台进行贸易，并提议募集私股承修台湾铁路的建议。他派遣洋务老手李彤恩等去东南亚各地，吸收华侨资本，招得新加坡、西贡等地的侨商陈新泰和王广馀来台投资。根据刘铭传主持拟定的《商办台湾铁路章程》，台湾铁路的政府资本占百分之四十左右，而民间资本占到了百分之六十，是一个官商合办的工程项目，虽然后来由于民间招股不足实数，1888年铁路被迫改为官办，但可以说当时刘铭传招募商人入股的方法和态度可以说是比较开明的。

台湾铁路修筑的第二大困难则是技术力量不足。为此，刘铭传曾聘请了不少外籍工程技术人员加以指导，如曾任设计工程师的碧加、任工程总督的墨尔希、专任检查路线工程师的瓦特逊、任机关监督的米彻尔以及任营业顾问的马礼逊等都是富有铁路建设经验的技术人员。但是，这些外籍技师都从始至终以被雇佣者的身份从事铁路建设，解决技术问题，顾问铁路经营，并不能随意左右铁路建设的大权。对于某些中国技师可以胜任的工程项目，刘铭传则坚持委任中国技师加以办理。例如铁路工程中的横跨淡水河的大桥，因为河面宽阔，工程有相当的难度，刘铭传就委托广东工程师张家德设计兴工。张家德采用铁木质结构，于1889年开建淡水河桥，竣工后桥长448米，是全线中最长的桥梁，取得了较好的效果。

台湾铁路的兴筑，大大促进了台湾的经济发展。在铁路通车的时候，沿途台胞如同迎接盛大的节日一样，争相前来观看，并唱着闽台歌谣表示庆祝。正如诗歌中所言："泛海曾从赤嵌来，得瞻鼎立扩全台。火车路远风轮疾，银电光分夜市开。"

刘铭传始终注重台湾当地的农业发展，为了更好地振兴农业，他认为兴筑水利灌溉工程是发展农业的前提，因此他计划在大科坎溪上游兴建大规模的水利工程，聘请外国技师进行了专门的测量，后来虽然因为种种原因而未果，但"台湾现有之有系统水利灌溉工程之普遍设施，实以此为滥觞"。他还试图从大陆引进优良桑种与技术，在台湾奖励蚕桑，发展棉花种植，振兴台湾农业。

除了注重财源、交通、农业等方面的发展，兴办台湾的文化教育事业也是刘铭传改革中的重中之重。十年树木，百年树人。刘铭传鉴于当时的时事趋向，仿照外国的学制，在台湾倡办新式学校，就地育才。1887年（光绪十三年），他在台北设立西学堂，直隶于巡抚衙门，学习的科目包括外语、历史、地理、测绘、算学、理化和汉文等。1890年（光绪十六年），他又设电报学堂于台北电报局内，其目的完全在于为台湾当时正在上马的机器、制造、煤矿、铁路等项目培养储备人才。由于刘铭传十分重视台湾的教育和人才开发，所以几年之后，台湾教育为之一新，人才之盛勃勃蓬蓬，对台湾的经济开发起到了重要的推动作用。

刘铭传在台湾从事的各项振兴经济的事业，处处显示了他不畏险阻、勇于开拓的进取精神。

## 煤矿洋办　终被革职

刘铭传担任台湾巡抚的六年里，整个台湾的政治、经济、文化等各个方面均呈现出一派生机盎然的景象，刘铭传也被后人称作"台湾近代化之父"。然而，正是这样一位颇富远见卓识的一代封疆大吏，却在改革煤矿运营一事上栽了跟头，最终被清政府革职。这到底是怎么回事呢？这还要从一切的源头——基隆煤矿说起。

其实，台湾基隆一带盛产煤炭，长期以来靠手工开采，效率虽慢但产量颇丰。1866年（同治五年）创办的福州船政局就是依靠台湾煤炭的供应而维持生产的。1875年（光绪元年）福州船政大臣沈葆桢奏请设立台湾煤务局，于是中国第一座近代化煤矿于1877年（光绪三年）在台湾出现。基隆煤矿初为官办，也就是朝廷所有制。刚刚开始的时候，煤矿产量还逐年上升，到1881年（光绪七年）达到最高纪录，年产量为54000吨。但专制体制下的官办企业终归要走向衰落，不久后基隆煤矿由于管理不善，年产量逐年下降。更有甚者，由于"经费繁杂，不敷开用，委员浮冒，积弊日深"，因而效益极其低下。清政府曾下令台湾分巡道刘璈整顿，他就曾感叹过："台北煤务为台湾漏卮，中外疑议，已非一日。"在经过调查研究之后，他认为"煤务之坏，坏于历办不得其人，浮费过多，成本过重，随处浮冒，任意报销"。官办煤矿企业浪费腐败最显著的一个例子是：从产区八堵到基隆码头仅10余里路，以总炭19850余石起解，结果基隆码头只收到了16550余石，少了5500多石；到福州船政局又少去几千石；又有工匠等在矿上任意烧官煤，每月达到数千石。这样层层盘剥，到最后运送到达目的地的煤炭已经所剩无几。刘璈痛加整顿，虽然起到了一定的效果，但没过多久腐败贪污之风再度冒头，至此一发不可收拾。1883年（光绪九年）的产量仅有31818吨，反而比1881年少了2万多吨。

1884年（光绪十年），法军侵犯台湾，为断绝敌人的岸上补给，刘铭传以壮士断腕的勇气，下令拆移机器，浸没煤井，焚毁工厂和存煤，于是经营近10年的基隆煤矿至此被彻底破坏。

刘铭传抚台后，起初因为经费困难，政务繁忙，一时无力顾及煤矿事宜。但到了1886年（光绪十二年）8月的某一天，福州船政局突然发来一封加急电报，大致内容是其属下的马尾造船厂已恢复生产，按照以往的规定，煤炭由台湾基隆煤矿供给，请刘巡抚从下个月开始按以往成规供应煤炭。这封要求迫切的电报让刘铭传有些措手不及，他找来当年刘璈整顿煤矿时留下的官员郑士廉，让他在一个月内恢复台湾基隆煤矿的生产。郑士廉奉命贴出告示招标，很快一个名叫张学熙的商人就找到了郑士廉，表示愿意承办基隆煤矿。他开出的条件相当优厚：一是由他筹款建设煤矿，不需要官府筹集资金；二是原先积水的煤井由他设法抽干；第三则是供应福州船政局的煤炭价格给予优惠，由每石的24元减为20元，不过运到福州船政局的运费由官府承担；四是官府暂不征税，待承办有效后，可以酌情抽税。自此，基隆煤矿由原先的官办改为商办。承办一年多，郑士廉亏折过甚，请求退办。

商办不行，刘铭传当即决定以官商合办的形式对基隆煤矿着手恢复。1887年（光绪十三年）2月，台湾煤务总局重建，后补知府张士瑜被委任为总办，刘铭传等集资12万两，用来购买机器，雇佣外国技师马体逊，基隆煤矿生产再度恢复。然而，好景不长，是年冬，试办再告失败，商人们要求退还商股6万两白银，其中的原因颇为复杂。首先是商人们花了大价钱购买了抽水机，将煤井里的积水抽干后却发现这个煤井开采日久，煤源将尽，已经没有多少开采价值；其次是根据外国技师马体逊的勘察，除了开新煤井这个方法外很难重振基隆煤矿，而开挖新煤井则需要至少白银百万两，这个巨大的负担是商人们所无法承受的；最后则是煤炭的运输问题，为了节省运费，从煤矿到基隆码头必须要修建一条铁路，以避免以往运输途中的"下漏"恶习。而这些都不是商人们所应该承担的，更不是他们感兴趣的。

无奈之下，刘铭传只能叫张士瑜将商股退还给商人们，至此基隆煤矿再度改为官办。但是官办之后亏损更加严重，进退两难之际，1889年（光绪十五年）刘铭传大胆提出了订立合同交由英国商人范嘉士承办的建议。对于此事，他曾在一封名为《英商承办基隆煤矿订拟合同折》的奏折中具体阐明了原因，大致总结起来分为五个方面：一是因为当时的轮船与工厂都要用煤，因此煤矿"欲罢不能"，不能停办；二是由于不善经营，无利可图，本国商人不愿承办，而且也难以筹集巨额资金；三是即便官办，但官场腐败积习太深，贪污浪费，一时难改，年年亏本，受累无穷；四是官商合办，仍有资金难筹、积习难改的问题；因此，订立合同交由外商承办是当时唯一可以选择的方法，别无善策。他将奏折附合同一同上报清廷，这就是刘铭传想他人之不敢想的良策——煤矿洋办。

刘铭传所谓的"煤矿洋办"并非直接出让主权，而是体现了主权和互利的。比方说，在刘铭传虽奏章附上的《英商范嘉士承办煤矿拟立合同》中就有类似的约定：由英商"选定两处作为开矿之基"，"二十年之内"、"第一处煤矿有罄尽之势，即准迁第二处开挖"，"倘两处煤俱挖尽，虽未满二十年，亦即停止，此处不得再有迁移"。"二十年限满，该商应即撤退"，这就对英商活动的时间与地点有了严格的限制；原有的设备交给英商使用，英商以十四万两白银作为抵偿；运煤铁路由中国官方修筑，但英商运煤则需要照付运费；英商每年以市价八折供应台湾官方用煤一千吨，且每出口一吨煤，应缴纳赋税一角；除了技术人员外，一律雇佣中国工人，不准雇佣外国人；台湾地方官派遣学生进矿学习技术，英商应加以优待；一旦发生战争，煤矿应归中国管理，并由中国保全等。合同最后还加了说明："中国洋商开矿之事从未办过，此次奏准，固台湾同该商均有利益。如奉旨不准，此件合同应为废纸作罢。"

应该说刘铭传这个大胆的建议是通过管理基隆煤矿的亲身实践而提炼出来的，他认识到当时的中国无论官办、商办还是官商合办都有资金不足、技术落后、贪污腐败等问题，因此无法与先进的资本主义的经营方法比较。如果交由外商承办，以二十年为期，期满即行受贿，则虽然外商在二十年内获得了一定的利润，但中国也避免了亏损，而且有煤可用，待二十年后又可以直接接收一个拥有先进设备、先进技术与先进经营管理方法的煤矿，这对于台湾而言无疑有益无害。如果煤矿恢复生产，那么轮船和工厂的用煤便得以保证，煤炭运输发展了当地的运输事业，增加了朝廷的税收，而且只招收中国工人和优待学生的规定又解决了当地百姓的就业问题，并可以培养相当数量的煤矿技术人员。

因此，仅就这些条款本身而言，绝无任何丧权辱国的内容，更与过去那些清政府同西方列强所签订的不平等条约有本质上的不同。

然而，签订这样一个合同虽说对台湾有利，但于刘铭传自身而言则无甚好处。合同执行得好，只能说是外商有本事，对刘铭传自己并无利益可言；执行得不好，则会惹出一堆麻烦，作为倡导者的刘铭传更将承受很大的责任。可刘铭传不顾个人得失，而从台湾发展的实际情况出发，大胆建言，并愿意承担风险，足以彰显他的爱国主义精神和不计个人得失的无畏精神。

奏折到达京城，不出所料，刘铭传再度遭遇攻讦。古今庸人看不到这项建议的价值与意义，他们打着"爱国防变"的招牌对刘铭传大加鞭挞，因此刘铭传收到的回复便是指责他"办事殊属粗率，著传旨申饬"，也就是遭到了警告的处分。由于清廷没有批准，因此刘铭传有关煤矿洋办的合同好比一张废纸，无法继续进行下去。

祸事连绵。在刘铭传遭到朝廷申饬后，他再度遭受打击——一向支持他进行改革推行新政的醇亲王奕譞于1890年（光绪十六年）7月5日与世长辞。奕譞，是光绪皇帝的生父，更是光绪初年军机处的实际掌控者，被誉为太上军机，爵封醇亲王。奕譞为人富有远见，从他提议建立海军一事就可以看出，他为人谦恭有礼，即便娶了慈禧的胞妹且身为亲王也没有目空一切。在儿子登基后，则更加谦恭小心，殚精竭虑，恪尽职守，对于朝廷的恩赐也是一再请辞，他的一生受到重用和信任，死后也极尽哀荣，后代也同样受到重用。他与刘铭传私交不错，且对刘铭传极为赏识。刘铭传在台湾推行的改革与新政能够顺利得到实施很大程度上是依靠醇亲王在朝廷内的威严和支持。

醇亲王的逝世让刘铭传备受打击，此前他因贤王支持而推行

刘铭传雕像

新政，贤王死后他则必遭攻讦，他知道他建设台湾的日子将要走到尽头。正如他所料，总理各国事务大臣奕劻和光绪帝的老师、户部尚书翁同龢同时向他发难，但由于一时找不到合适的人手来替代他，所以光绪帝下旨"著刘铭传加恩改为革职留任"。

守旧官吏和台湾大地主们幸灾乐祸，弹冠相庆，他们对刘铭传在台实施的新政，诸如清赋、抚番、设防、铁路、电报、西学堂等事业都纷纷指责，压得许多新政官员难以抬头。时人评论，刘铭传陷于"政府颇多掣肘，上论又讥其过激，内外臣工多所嫉忌，而台湾绅士亦肆为蜚语"的困境中。

刘铭传知道大势已去，心情十分郁闷。事后他曾追忆这段令他心绪难平的岁月："只身渡台，内忧外患，孤子艰危，无复生人之趣。自分不死于敌，必死于谗，冰蘗孤怀，至令心悸。"至此，他多次请辞，终于1891年5月30日，上谕准其所奏，准其开缺，并开去帮办海军事务差使。

1891年（光绪十七年）6月4日，一艘名为"海镜"号的兵轮载着一行人由台湾驶向大陆，船上坐着一位老人，这是阔别大陆近七年的55岁的刘铭传。海面依旧湛蓝，波涛依旧澎湃，刘铭传迎着海风恋恋不舍地回望着那渐趋变小的岛屿，那里是他后半生的心血，是他所挚爱的热土——台湾。这里承载着他对国家未来最美好的想象，铭刻着无数个废寝忘食的夜晚，凝结着他七年的心血，宝岛台湾，他知道一旦离去他将再也无法回来。

## 英雄迟暮终成憾

刘铭传回来了，离开了他苦心经营了7年的台湾。回到大陆后，他并没有很快回到自己的肥西老家，而是在南京客居了一段日子。南京有他购置的别墅，称为刘和厅，紧靠繁华的秦淮河畔。这里有他之前赋闲期间结识的挚友亲朋，此时他胸中愤懑，颇想再度与他们痛饮倾吐一番。

在此期间，巢湖淮军忠昭祠建成，请他题联，他挥毫泼墨信手写下："升高以望东关，情随事迁，百战江淮如昨日；积厚仍归南岳，才为世出，再生申浦更何年。"1891年秋，刘铭传的第三子刘盛帯在南京乡试中一举中试，刹那间，南京刘和厅贺者盈门，大家都夸奖16岁的刘盛芥聪颖好学，刘铭传心中也颇为快慰，尤其盛芥是他最喜爱的儿子。

正当刘铭传老怀大慰的时刻，一封电报破坏了他的好心情，电报中说刘铭传的政敌邵有濂将到台湾担任巡抚。邵有濂政绩如何？为何刘铭传会如此愁眉不展？史书上曾以八个大字对邵有濂为官之道进行概括："庸弱无能，师心自用。"就是说这个人是个庸才，还软弱无能，但自以为是。这样的一个人能当好台湾的家吗？

果不其然，邵有濂赴台后，对于台湾开发之事一窍不通，整日无所事事。由于他思想比较僵化，对台湾的各项新政渐生嫉妒之心。刘铭传对这位新来的台湾布政使原先并无成见，只是考虑到他对台湾事宜尚未熟悉，从台湾大局出发，他建议朝廷将在台湾功绩甚著的沈应奎留下，佐助邵有濂处理相关事宜，以便完成刘铭传未竟的事业。平心而论，这种要求合情合理，且无可厚非，却大大地得罪了这位布政使。赴台不久，邵有濂拂袖而去，直奔京师，状告刘铭传新政"逾格"，且排斥异己，逼他出走。清廷内一帮顽固势力纷纷附和，批驳刘铭传本人和他的新政。没有了奕譞的斡旋，事情的结果可想而知。清廷最终作出决定，先是给邵有濂提拔职务，将这个毫无建树、平庸无能的人安排到湖南担任巡抚，后是坚决不允许沈应奎留在台湾。后来，清廷又命令邵有濂担任福建台湾巡抚，他将屠刀对准了刘铭传台湾产业开发的硕果，举凡刘铭传所开办的电报、邮政、西学堂、番学堂、蚕桑局、煤务局、发电站等新政措施，无一不遭到邵有濂的肆意砍伐。这样一来在邵氏简单粗暴的工作下，刘铭传花费了7年时间好不容易推行的新政大部分被废，很多原本从中国内地、甚至不远万里从海外前来打算参与新政的洋务里手、技术人员和华侨们纷纷离开台湾，徒余叹息。

刘铭传得知消息，痛心疾首，他仰天长叹："不能因人废言，更不能因人废政啊！"他望向台湾岛的方向，感觉到揪心般的疼痛。

然而，命运似乎并未对这位迟暮的老人多加眷顾。1894年（光绪二十年）6月，日本借口帮助平反朝鲜东学党起义，派遣海陆军近万人侵入朝鲜，强行占据汉城附近，并在7月25日突袭朝鲜牙山口外半岛海面上的中国运兵船，29日不宣而战进攻驻守牙山的清军。刘铭传日夕担心的中日战争爆发了。

　　战事再度降临，然而此时的清廷几乎也无人可用，针对前线诸军有将无帅的局面，清廷思虑再三，觉得只有两个人足以担当此任：一个是退养在家的刘铭传，另一个则是甘肃新疆巡抚刘锦棠。朝中有识之士多认为刘铭传经营台湾多年，早对日本有所警惕，而且他多年研究日本政治、经济、军事、文化，对日本国有足够的了解，更兼他为沙场宿将，又曾为福建台湾巡抚，身份、资历和能力俱是上佳，因此统统举荐刘铭传重新出山。

　　但当时主持朝廷大计的重臣翁同龢坚决反对这个建议，经过激烈的争论，最终清廷做出一个折中的建议，由李鸿章代表朝廷向刘铭传发电报，让他以北洋会办的身份督办朝鲜事务。这种极不符合朝廷礼数的方式，极大地伤害了自尊心极强的刘铭传。时人记载了刘铭传的悲愤之言："吾任封疆，即退处，固大臣也。今廷寄等之列将，岂朝廷所以待大臣之义哉！"

　　自古美人同名将，不许人间见白头。面对李鸿章连续五次的电召，刘铭传虽心有余却力不足，他已经不再年轻了，因此以身体有病为由没有奉召。其实，刘铭传此次拒绝出山，原因至少是两方面：一方面性情桀骜的他无法容忍朝廷对待他这名老臣有悖礼数的做法；另一方面是有病在身，难以奉召。刘铭传常年征战，鞍马劳顿，身受战伤多处，最严重的前额中枪导致他在三十几岁后就饱受病痛折磨，耳目闭塞，视听俱茫。在刘铭传的一生中，他曾给朝廷前后18次上疏叙述自己的病情，而到如今55岁的刘铭传则开始"咯血日多，饮食日少，筋骨疼痛，坐卧不安。左目已盲，右目又生云翳，红肿昏暗，咫尺不辨人形"。

更令晚年的刘铭传无法承受的则是连番的家庭变故。1894年2月，刘老圩的一场大火令他震怒不已，他要长子刘盛芬做出一个交代，"驰书责其家居不慎，限期修复故居，否则毋相见"。长子盛芬忧惧交加，最终死于1894年4月6日。长子去世的消息令刘铭传大为悲恸，他深悔当初严苛长子，自此病情加剧。谁知祸不单行，同年8月7日，刘铭传的三子刘盛苐的结发妻子袁氏（袁宝龄之女，袁世凯之从妹）因病亡故，刘盛苐自小聪颖好学，十四五岁时渡台侍奉刘铭传左右，深得刘铭传的喜爱。而刘盛苐与妻子袁氏更是恩爱情笃，袁氏病故，盛苐悲痛欲绝，精神恍惚，刘铭传更是心痛不已。

正当此时，李鸿章的奉旨电召到达，刘铭传以病痛交加、频逢变故为由推辞了。而此时密切注视中国动态的日本军方及议员得知刘铭传要出山，立刻惊慌失措，但事态峰回路转间日方又得知刘铭传不会出山，而清廷派遣了一名文人吴大澂出征的消息时，立刻高呼："刘某不出，吾无患矣！"刘铭传得知这一情况，更是悲痛叹息，他知道辽东的局势已经无法挽回了。

果然，1895年3月，中日双方在辽东半岛激战，以清军战败而告终。原本不可一世的吴大澂急忙逃窜，全局溃败，光绪皇帝慌了神，他以"宗社为重，边徼为轻"为由，下令李鸿章、李经方协同美国顾问科士达前往日本马关，签订了丧权辱国的《马关条约》，台湾和澎湖列岛自此拱手让予日本。

消息传来，刘铭传开始整日沉思不语，他经常不在房内，茕茕孑立于花园中，有时甚至面向南方呜呜哭泣。台湾和澎湖没了，新政废弃了，他不知道还有什么可以支持他继续活下去。只是短短几天，他便如同老了十年，变得步履蹒跚，老态毕现。不久，他开始口吐鲜血，家人到处为他求医，医生诊断为"忧思郁结，旧病增剧"。

1896年1月12日凌晨1时，这位首位台湾巡抚含恨而逝，终年六十岁。死后，谥壮肃，晋赠太子太保衔。

刘铭传去世后，台湾本土人士林维源、林朝栋等不愿做亡国奴，纷纷举家内徙，回到大陆。有人曾问过林朝栋等为何丢弃家业归来，他含泪答道："吾等不忍负刘公也。"

刘铭传在台七年，练军队以厚兵力，筑炮台以强海防，设制局以造军械，赐官爵以赏战功，集捐输以充经费，厚礼聘以聚异才，讨生番以辟荒土，兴织造以杜漏卮，惠商贾以广

刘铭传墓园

交易，筑铁路以便交通，架电线以灵消息，购船舶以增航路，立公司以结商团，开法院以平讼狱，聘西医以疗疾病，建学堂以施教育，定租界以待外使，置隘勇以密巡防，兴水利以资灌溉，开矿业以集材料，铸货币以便民生，革税法以维国计，开脑厂以制樟脑，设厘局以征鸦片。刘铭传，不愧是有大勋劳于国家者，溯其功业，足与台湾不朽矣！

# 刘铭传年谱

1836年　出生

9月7日，刘铭传出生于合肥西乡（今肥西县）大潜山麓的刘老圩。刘家世代务农，父亲刘惠，母亲周氏，刘铭传最幼，排行第六。

1846年　11岁

刘铭传父亲病故，随后大哥、三哥又相继去世，其他几个哥哥各自成家，此后便与母亲单独生活，靠贩私盐为生。

1856年　21岁

刘铭传纠集起几百名贫苦青壮，当上了结寨自保的武装头目。

1858年　23岁

刘铭传打出"捍卫井里"旗帜，在大潜山西面建起寨堡，成为附近地区对付太平军和捻军的一股团练武装。


1859年　24岁

9月1日，太平军攻打合肥的长城镇、官亭，刘铭传奉命率部"协剿"，将太平军击退，后被安徽巡抚福济褒奖为千总，赏五品顶戴。


1862年　27岁

李鸿章到合肥招募淮军。刘铭传领团练投奔，被任命为"铭字营"营官。在参与镇压太平军的战争中，刘铭传受到李鸿章重用，迁升很快，由千总、都司，很快提升为总兵，29岁（1864年）就擢升为直隶提督，成为淮军名将。他的"铭字营"此时也成为"铭军"，分左中右三军18个营。


1865年　30岁

李鸿章扩充淮军，由4万人扩展到7万人，铭军实力大增。铭军负责追剿东捻军，历时三年，最后于1868年在扬州取胜。刘铭传被授予三等轻车都尉世职，赏给白玉柄小刀等物品。刘铭传以积劳成疾不能坐骑为由，请假回乡养病。这时，西捻军直逼天津。朝廷催促刘铭传率军护卫。刘铭传向李鸿章献计，致使西捻军全军覆没。33岁刘铭传以收平西捻军的全功而晋封世袭一等男爵。

**1870年　35岁**

刘铭传在直隶提督任上，以身心俱疲之躯，奏请开缺，返回合肥老家，在家闲居长达十三年。他居家期间同一些办洋务和具有改良思想的人士交往中，眼界大开，思想发生了很大变化。

**1880年　45岁**

12月3日，刘铭传上《筹造铁路以图自强折》，请求朝廷修建铁路，振兴国家。

**1883年　48岁**

中法战争爆发。

**1884年　49岁**

6月26日，清廷下诏，命刘铭传督办台湾军务。

7月16日，刘铭传抵达基隆，第二天即巡视要塞炮台，检查军事设施，并增筑炮台、护营，加强台北防务。在他到达基隆的第15天，战争就爆发了。他率领部下以弱胜强、以少胜多，于基隆、沪尾（今淡水）等地率军击败法国舰队的进犯。在中国军民的英勇抵抗下，法国侵占台湾的战争以失败而告终。

**1885年　50岁**

刘铭传被任命为首任台湾省巡抚，开始经营台湾。

1890年　55岁

刘铭传因通商口岸税务问题上与外商交涉及基隆煤矿招商承办等事，遭到顽固派官僚的激烈反对和清廷的严厉申斥，忧病交加，被迫向清廷提出辞呈。

1891年　56岁

清廷准其辞职。刘铭传怀着忧郁之心乘船离开他苦心经营七年之久的宝岛。

1894年　59岁

中日甲午战争爆发后，清军溃败，清廷令刘铭传出山，刘因病重辞命。

1895年　60岁

听闻《马关条约》签订的消息，刘铭传得知自己一生中花精力最大创置的台湾省被割让给日本，忧思郁结，口吐鲜血。

1896年　61岁

1月12日，刘铭传在六安刘新圩病逝，朝廷赠太子太保，谥壮肃。他被后人称为台湾洋务运动之父和台湾近代化之父。